Heiner Henninges
Canon EOS 500

Heiner Henninges

Canon EOS 500

Laterna magica

Die in diesem Buch gegebenen Informationen und Ratschläge beruhen auf gründlicher Recherche. Doch nicht jede Information kann nachgeprüft werden. Verlag und Autor übernehmen für die Richtigkeit der Angaben in diesem Buch und sich etwa daraus ergebende Folgen keine Gewährleistung.
Dieses Buch wurde vom Hersteller der Kamera weder in Auftrag gegeben noch gesponsert, noch hat der Autor bei der Anfertigung des Manuskripts irgendwelche Anweisungen oder Forderungen des Herstellers erhalten bzw. befolgt.

2. Auflage 1995

Alle praxisbezogenen Abbildungen vom Autor selbst.
Alle Produktabbildungen, soweit nicht anders vermerkt, von Canon.
Produktion: Michael Robertson, München.
Satz: Laterna magica.
Offsetreproduktionen: Fotolito Longo, Frangart.
Druck: Kösel Druck, Kempten.
ISBN 3-87467-525-4
Printed in Germany.

Inhalt

Einleitung

Mit der EOS 500 stellte Canon die kleinste und leichteste aller bis dahin gebauten AF-Spiegelreflex-Kameras vor. Gleichzeitig ist sie auch die »Leiseste« ihrer Klasse. Trotzdem bietet diese Kamera alles, was man heute von einer modernen Autofokus-Spiegelreflex erwarten kann: drei Belichtungsmeßvarianten, zwei Blitzmeßmethoden, 6-Feld- beziehuhngsweise 4-Feld-Belichtungsmessung, vier Kreativ- und vier Motivprogramme sowie für alle Fälle eine nahezu perfekte Vollautomatik, die mit Hilfe des in der Kamera eingebauten Blitzgerätes nicht nur die Verwacklungsgefahr bannt, sondern auch die Kunst des Aufhellens beherrscht.

Klein, leicht und leise: Die Canon EOS 500 Spiegelreflex-Kamera mit integriertem Blitzgerät.

Für superscharfe Bilder, auch bei schnellen Schnappschüssen, sorgt der neuartige 3-Punkt-Breitband-Autofokus. Ein »verkehrter« Filmtransport sichert das Ergebnis, weil der beim Einlegen vorgespulte Film nach jeder Aufnahme in die Filmkassette zurückgezogen wird.

Weitere praktische Ausstattungsmerkmale der EOS 500 sind automatische Mehrfachbelichtung, Selbstauslöser und der als Zubehör lieferbare Handgriff mit ausklappbarem Tischstativ.

Mit der Canon EOS 500 kann sich der Fotograf voll und ganz auf Motiv, Bildausschnitt, Auslösen konzentrieren. Mehr ist nicht nötig, solange die EOS 500 auf das »grüne« Vollautomatik-Programm geschaltet ist.

Zusammen mit dem Standard-Zoomobjektiv EF 1:4,5-5,6/35-80 mm wiegt die Canon EOS 500 nur gerade 520 Gramm. Damit ist der Fotograf gut gerüstet für die meisten Fotosituationen von Landschaft, über Nah- oder Porträtaufnahmen bis hin zu schnellen Schnappschüssen. So kann Fotografieren Spaß machen, denn schon ohne Eingriffe des Fotografen garantiert die EOS 500 in den meisten Fällen technisch einwandfreie Aufnahmen.

Doch in der Kamera steckt mehr. Dieses Buch soll aufzeigen, wie sich die raffinierte Technik der EOS 500 zu individuell gestalteten, technisch perfekten Fotos nutzen läßt. Auf den folgenden Seiten wird das Funktionsprinzip dieser außergewöhnlichen Kamera und ihres umfangreichen Zubehörs beschrieben und es werden Hinweise gegeben, wie sich die raffinierte Technik für eine kreative Fotografie optimal einsetzen läßt.

Heiner Henninges

Handhabung

Die Canon EOS 500 war bei ihrer Vorstellung die kleinste und leichteste Autofokus-Spiegelreflex-Kamera der Welt mit eingebautem Blitzlicht. Sie läßt sich so einfach bedienen wie eine vollautomatische Kompaktkamera, aber bietet darüber hinaus den Anschluß an das gesamte Canon EOS Objektiv- und Zubehörprogramm.

Die für eine Aufnahme notwendigen Voreinstellungen lassen sich auf ein Minimum beschränken. Das ist etwa im Vollautomatik-Programm das Anvisieren des Motivs und Wählen des Bildausschnitts – und schon kann ausgelöst werden. Die Zahl der Tasten, Schalter und Knöpfe wurde auf ein für Hobbyfotografen notwendig geringes Maß gesenkt. Alle relevanten Funktionsanzeigen sind jederzeit auf dem großen Daten-Monitor bzw. im Sucher ablesbar.

Für schnelle Schnappschüsse und die sofortige Reaktion auf interessante Situationen sollte der Fotograf seine Kamera gründlich beherrschen und auch nicht immer nur auf die Vollautomatik setzen. Denn nur dann kann er selbst die vielen Möglichkeiten der EOS 500 für die kreative Gestaltung seiner Bilder nutzen.

Bedienungselemente

Die Betriebsartenwählscheibe auf der Oberseite der Kamera besitzt insgesamt vierzehn verschiedene Einstellungen. Diese sind in drei Gruppen zu unterteilen. Es gibt einen Teil für individuelle Funktionseinstellungen, einen für Kreativprogramme mit individuellen Einstellmöglichkeiten und einen Motiv-bezogenen Programmbereich.

Einstellmöglichkeiten mit der zentralen Betriebsartenwählscheibe
Das »L« auf der Betriebsartenwählscheibe steht für Englisch »Lock«. In dieser Position ist die Kamera ausgeschaltet.

Das grüne Rechteck zeigt die Einstellung auf das Vollautomatik-Programm an. In dieser Betriebsart steuert die EOS 500 alle

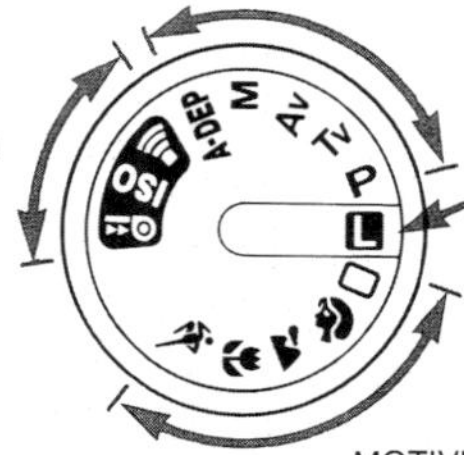

Der Betriebsartenwähler mit den drei Bereichen für Funktionseinstellungen, Kreativ- und Motivprogramme.

Funktionen automatisch. Blende und Verschlußzeit werden von der Kamera eingesteuert und das Blitzlicht bei Bedarf zugeschaltet. Ein akustisches Signal bestätigt die Scharfstellung, die auch im Sucher durch eine grüne LED angezeigt wird. Ist eine Verschlußzeit erforderlich, die länger als der Kehrwert der Brennweite ist, so macht im Sucher ein Warnsignal auf die Verwacklungsgefahr aufmerksam. Dies geschieht auch in den unterhalb des grünen Rechtecks liegenden Motivprogrammen für Porträt-, Landschafts-, Nah- und Sport- bzw. Actionaufnahmen.

Oberhalb der roten »L«-Markierung der zentralen Betriebsartenwählscheibe finden sich sechs weitere Einstellmarken. Es stehen Programmautomatik mit Programmshift (P), Blendenautomatik (Tv), Zeitautomatik (Av), manuelle Steuerung (M) sowie die neuartige Schärfentiefeautomatik (A-DEP) zur Auswahl.

In der dritten Gruppe, innerhalb des silbernen Feldes der Betriebsartenwählscheibe hat der Fotograf die Möglichkeit, das akustische Warnsignal ein- oder aus zu stellen, die Filmempfindlichkeit manuell einzugeben und die Rückspulung eines teilbelichteten Films vor Filmende zu starten.

Auslöser

Der Auslöser der EOS 500 besitzt zwei Stufen. Schon bei leichtem Antippen wird die gesamte Kameraelektronik aktiviert. Das AF-System stellt auf das anvisierte Objekt scharf. Ein kurzer Piepton be-

Die Bedienungselemente der Canon EOS 500 sind übersichtlich angebracht, so daß sich die Kamera intuitiv richtig bedienen läßt.

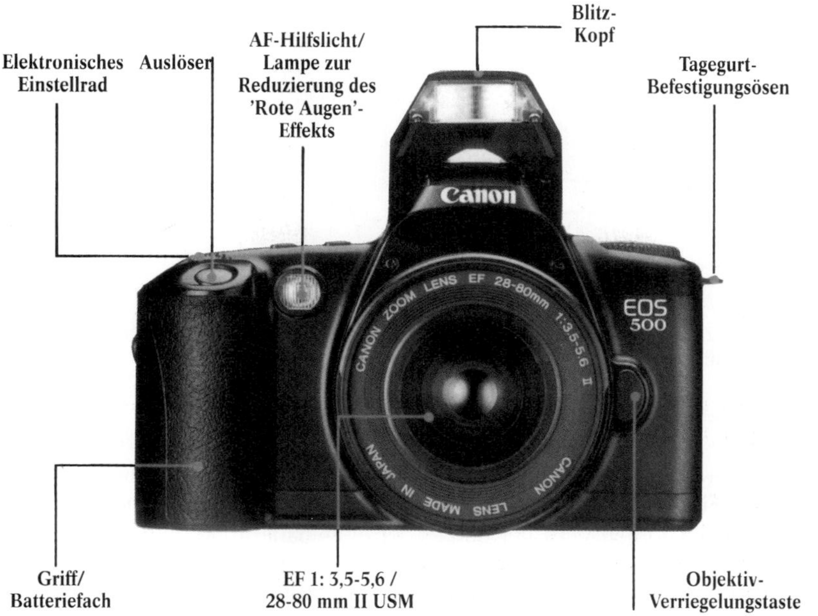
Blitz-
Kopf
Elektronisches
Einstellrad
Auslöser
AF-Hilfslicht/
Lampe zur
Reduzierung des
'Rote Augen'-
Effekts
Tagegurt-
Befestigungsösen
Canon
CANON ZOOM LENS EF 28-80mm 1:3.5-5.6 II
LENS MADE IN JAPAN
CANON
EOS
500
Griff/
Batteriefach
EF 1: 3,5-5,6 /
28-80 mm II USM
Objektiv-
Verriegelungstaste

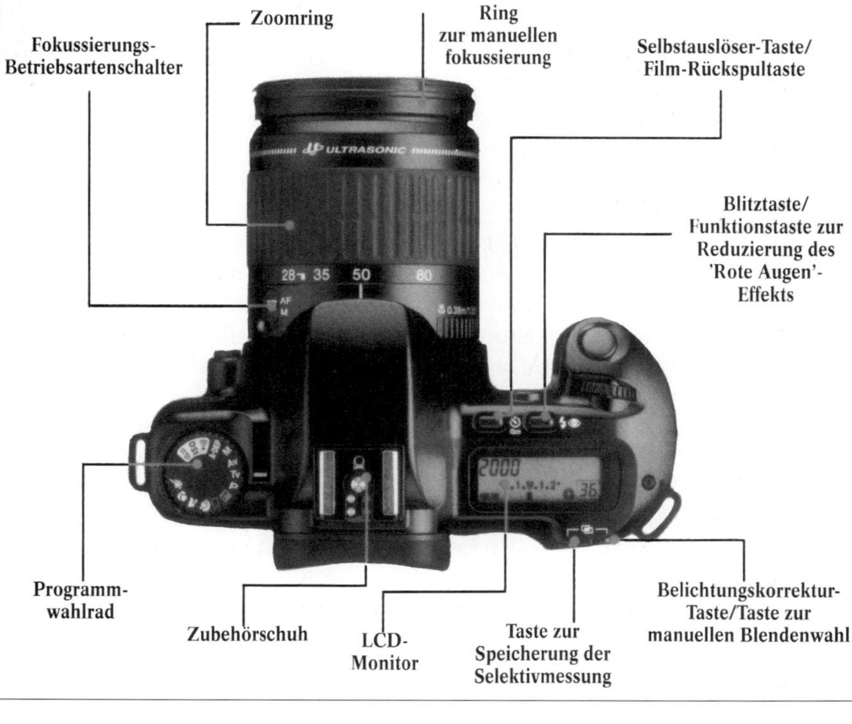
Zoomring
Ring
zur manuellen
fokussierung
Fokussierungs-
Betriebsartenschalter
Selbstauslöser-Taste/
Film-Rückspultaste
ULTRASONIC
28 35 50 80
AF
M
Blitztaste/
Funktionstaste zur
Reduzierung des
'Rote Augen'-
Effekts
2000
36
Programm-
wahlrad
Zubehörschuh
LCD-
Monitor
Taste zur
Speicherung der
Selektivmessung
Belichtungskorrektur-
Taste/Taste zur
manuellen Blendenwahl

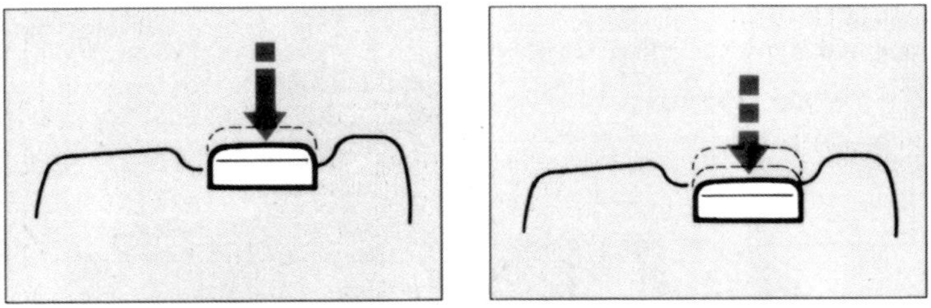

Der Zweistufenauslöser aktiviert bei leichtem Druck die gesamte Kamera-Elektronik. Erst beim Durchdrücken wird ausgelöst.

stätigt die erfolgreiche Scharfstellung ebenso wie die grüne LED im Sucher. Gleichzeitig wird die Belichtungseinstellung als Zeit-Blenden-Kombination im Sucher und auf dem LCD-Monitor angezeigt. Bei Einstellung auf das grüne Rechteck und bei verschiedenen Motivprogrammen wird bei Bedarf der eingebaute Blitz aktiviert. Die AF-Betriebsart (kontinuierlicher Autofokus oder »One-Shot«) und die des Filmtransports (Serien- oder Einzelbildschaltung) werden abhängig vom gewählten Belichtungsprogramm gesteuert. So ist etwa bei den Programmen Porträt, Landschaft, Nahaufnahme und A-DEP (Schärfentiefe) die Autofokus-Betriebsart »One-Shot« aktiviert. In den anderen Programmen erfolgt die automatische Umschaltung von One-Shot-AF auf AI-AF mit kontinuierlicher Schärfenachführung. In beiden AF-Betriebsarten ist die Auslösung nur bei erfolgter Scharfstellung möglich.

Elektronik-Einstellrad

Das Elektronik-Einstellrad ist typisch für Canon EOS Kameras und zählt zu den wirklich praktischen Erfindungen. Je nach gewählter Belichtungsfunktion kann mit dem direkt über dem Auslöser liegenden Rad die Veränderung der jeweils einzustellenden Größe vorgenommen werden. Das Einstellrad ist sowohl allein als auch in Kombination mit anderen Tasten zu verwenden.

Bei manuellem Betrieb lassen sich mit ihm entweder Verschlußzeit oder Blende einsteuern. Für die Verschlußzeit wird nur das Einstellrad gedreht. Zur Blendeneinstellung muß zusätzlich die Av-Taste auf der Rückseite der Kamera gedrückt werden.

Bei der Vorwahl des »P«-Programms wird mit dem Elektronik-Einstellrad die automatisch gewählte Zeit-Blenden-Kombination entweder zu kürzeren Verschlußzeiten oder größeren Blenden

Mit dem Elektronik-Einstellrad werden die Variablen der jeweils aktiven Funktion gewählt.

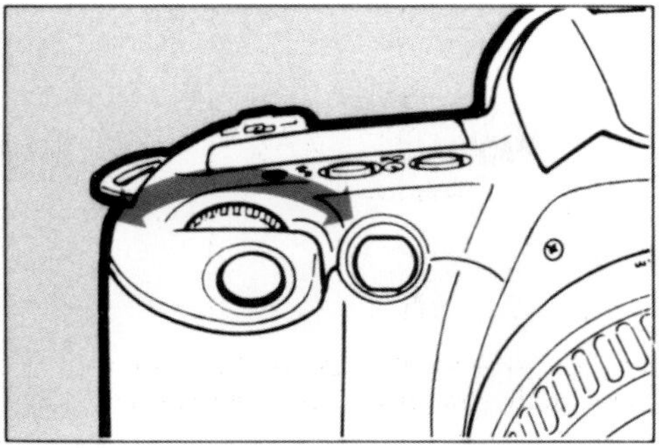

bzw. zu längeren Verschlußzeiten und kleineren Blenden verschoben.

Bei Blendenautomatik (Tv) werden mit dem Elektronik-Einstellrad die Verschlußzeiten und bei Zeitautomatik (Av) die Blenden verändert. In Verbindung mit der Taste für die Belichtungskorrektur (Av+/-) wird mit dem Elektronik-Einstellrad die Belichtungskorrektur gewählt. Wird diese Taste gleichzeitig mit der Taste für Selektivmessung gedrückt, kann mit dem Einstellrad die Anzahl der gewünschten Mehrfachbelichtungen eingegeben werden. Steht die Betriebsartenwählscheibe auf »ISO«, steuert das Einstellrad die Filmempfindlichkeit. Die Abschaltung des akustischen Schärfesignals erfolgt in Kombination des Einstellrades mit der entsprechenden Stellung der Betriebsartenwählscheibe.

Blitztaste

Der eingebaute Blitz schaltet sich in den Motivprogrammen, ausgenommen das Programm für Landschaftsaufnahmen, automatisch zu, wenn die Lichtsituation dies erfordert. Bei den Kreativprogrammen, die auf der Betriebsartenwählscheibe oberhalb von »L« stehen, muß der Fotograf die Blitztaste neben dem LCD-Monitor drücken, damit das Blitzgerät hochgeklappt und aktiviert wird.

Zur Vermeidung roter Augen bei Personenaufnahmen in relativ dunkler Umgebung kann die EOS 500 die Kryptonlampe kurz vor der Aufnahme für etwa 1,25 Sekunden aufleuchten lassen. Das bewirkt, daß sich die Iris der Augen schließt und die rote Netzhaut des Augenhintergrundes in der anschließenden Aufnahme nicht mehr so deutlich sichtbar wird. Bei Einstellung der Kamera auf die Motivprogramme genügt dazu ein Druck auf die Blitzta-

Das Autofokus-Meßlicht dient zur Unterstützung des AF-Systems bei geringer Beleuchtung und schwachem Motivkontrast.

ste. Das Augensymbol erscheint dann sofort im Display. Bei den Kreativprogrammen muß jedoch die Blitztaste ein zweites Mal gedrückt werden, damit die Funktion zur Reduzierung des »Rote-Augen-Effektes« aktiviert wird und die Kryptonlampe vor der eigentlichen Aufnahme aufleuchtet. Wurde im Kreativ-Bereich diese Funktion abgeschaltet, gilt dies auch für die Motiv-Programme. Sie muß daher hier auch erst durch erneuten Druck auf die Blitztaste aktiviert werden.

Autofokus-Meßlicht

Reicht die Motivhelligkeit nicht für eine einwandfreie Funktion des Autofokus-Systems aus, strahlt die AF-Hilfsleuchte (dieselbe Kryptonlampe, die auch zur Reduzierung des Rote-Augen-Effektes dient) einen Lichtstrahl zur Unterstützung der AF-Einstellung aus. Der Meßstrahl reicht etwa fünf Meter. Bei externen Speedlite-Blitzgeräten wird diese Funktion von den integrierten IR-Lichtquellen übernommen.

Selbstauslöser

Ein kleiner Knopf oben neben dem Daten-Monitor gleich neben der Blitztaste dient zur Aktivierung des Selbstauslösers. Sobald er gedrückt wird erscheint das Selbstauslöser-Symbol. In dieser Einstellung erfolgt die Belichtung erst zehn Sekunden nach dem Druck auf den Auslöser. Der Selbstauslöser kann in allen Programmen verwendet werden. Im Porträt-Programm leuchtet während der letzten zwei Sekunden die Kryptonlampe auf. Ansonsten wird der Zeitablauf durch Piepen mit unterschiedlicher Frequenz signalisiert. Der Vorlauf kann jederzeit durch erneutes Drücken der Selbstauslösertaste unterbrochen werden.

Die Taste neben dem Kamerabajonett dient zur Objektiventriegelung.

Objektiv-Entriegelungstaste
Nach dem Druck auf die Objektiv-Entriegelungstaste neben dem Kamerabajonett kann das Objektiv nach links gedreht und entnommen werden.

Rückwandentriegelung
Zum Öffnen der Kamerarückwand wird die Rückwandentriegelung nach oben geschoben.

Batteriekammer-Verschluß
Zum Öffnen des Batteriefachs wird der kleine Schieber an der Unterseite des Kameragriffs nach hinten gedrückt. Die EOS 500 verwendet als erste in der EOS-Familie zwei Lithium-Batterien vom Typ CR 123A.

Empfänger für Fernauslösung
Am Handgriff unterhalb des Elektronik-Einstellrades ist eine Buchse für Kabelfernbedienung, die es als spezielles Zubehör zur EOS 500 gibt. Der Kabelfernauslöser hat die Typenbezeichnung RS-60E3.

Selektivmeßtaste
Mit der Selektivmeßtaste wird das Meßfeld für die Belichtungsmessung auf etwa 9,5% des Bildfeldes begrenzt. Die Größe des Meßfeldes wird durch den Kreis im Sucher angezeigt. Ein grüner Stern im Sucher weist auf die Umstellung hin. Erst muß die Selektivtaste und dann der Auslöser gedrückt werden. Dadurch wird eine versehentliche Aktivierung der Selektivmessung vemieden.

Av(+/-)-Taste
Bei manueller Belichtungssteuerung wird mit dem Elektronik-Einstellrad bei gleichzeitigem Druck auf die AV(+/-)-Taste durch Drehen am Einstellrad die Blende verstellt. Diese Taste dient gleichzeitig auch zur Eingabe einer +/-Korrektur in den Kreativprogrammen. Die Belichtung kann in ganzen Stufen um +/-2 EV korrigiert werden.

Daten-Monitor
Der Daten-Monitor der EOS 500 ist das äußere Kontrollzentrum der Kamera. Hier erhält der Fotograf auf einen Blick die notwendigen Informationen über Belichtungswerte, Belichtungskorrektur, Mehrfachbelichtung und natürlich auch über die Anzahl der noch zur Verfügung stehenden Aufnahmen. Der Ladezustand der Batterie wird ebenfalls angezeigt.

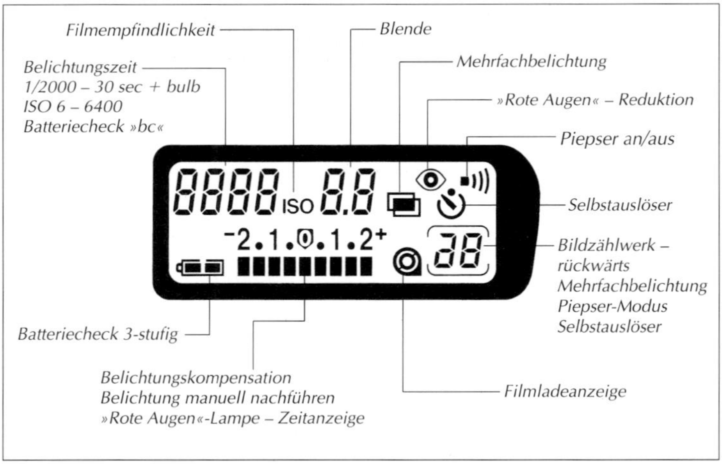

Im Datenmonitor werden alle relevanten Daten zur jeweils aktiven Funktion angezeigt.

Sucheranzeigen
Die Anzeigen im Sucher der Canon EOS 500 sind ausgesprochen übersichtlich und auf das Wesentliche beschränkt. Die deutlich ablesbaren LED-Anzeigen befinden sich alle im unteren Bildrahmen. Auf der Mattscheibe selbst sind nur die drei Meßfelder und das Feld für die Selektivmessung markiert.

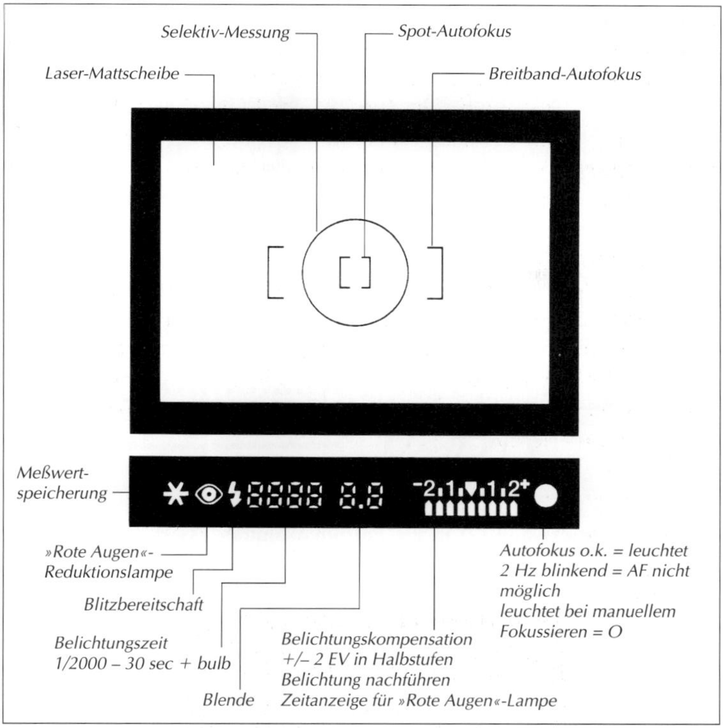

Im Bildfeld des Suchers werden nur die Meßfelder für Autofokus und Belichtung angezeigt. Darunter sind die Funktionsanzeigen.

Rückspulung

Im silbernen Feld der zentralen Betriebsartenwählscheibe befindet sich an der äußersten Kante ein kleines Patronensymbol mit zwei kleinen Pfeilen. Wird die Wählscheibe auf dieses Zeichen gestellt, kann mit Druck auf die Rückspultaste die vorzeitige Rückspulung eines teilbelichteten Filmes ausgelöst werden.

ISO

Ebenfalls im silbernen Feld des zentralen Einstellrades ist die Bezeichnung ISO zu finden. Diese Schalterstellung ermöglicht die manuelle Eingabe der Filmempfindlichkeit mit Hilfe des Elektronik-Einstellrades. Normalerweise wird die Filmempfindlichkeit über die DX-Kodierung automatisch eingelesen. Dies gilt für den

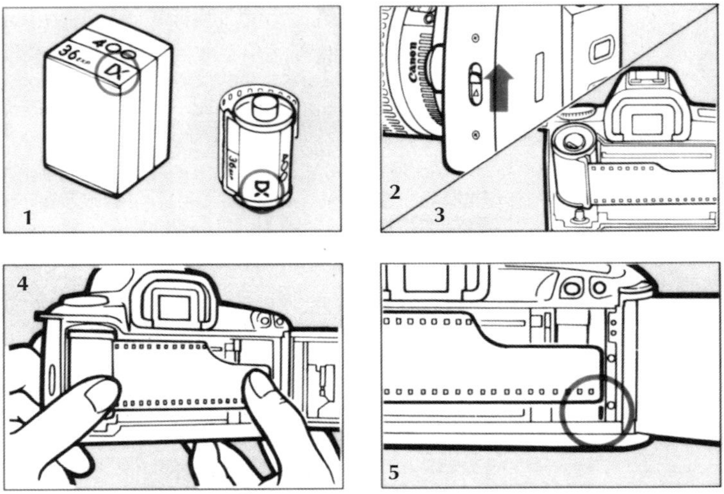

Filmeinlegen ist mit der EOS 500 kinderleicht: Der Film (1) wird nach Öffnen der Rückwand (2) in die Patronenkammer (3+4) gelegt und bis zur roten Markierung vorgezogen (5).

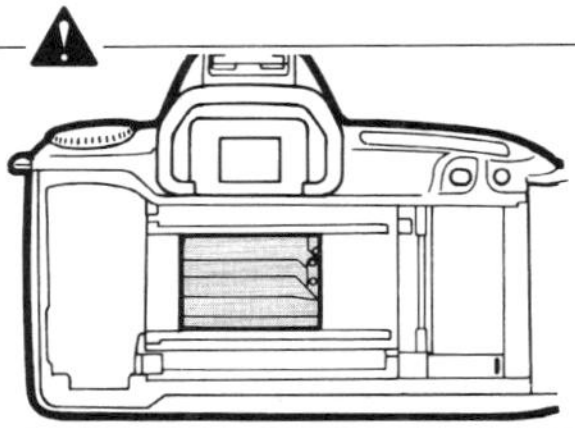

Der Verschlußvorhang ist ein äußerst großer Präzisionsmechanismus. Wenn Sie einen Fim einlegen, achten Sie bitte sorgfältig darauf, daß weder Ihre Finger, noch das Filmende mit dem Verschlußvorhang in Berührung kommen. Derartige Berührungen können zu Beschädigungen führen.

Empfindlichkeitsbereich von ISO 25/15° bis ISO 5000/38°. Mit manueller Empfindlichkeitseinsteuerung können auch Materialien mit ISO 6/9° bis 6400/39° genutzt werden. Der automatisch eingelesene Wert kann jederzeit manuell überschrieben werden. Diese Änderung bleibt allerdings nur bis zum nächsten Filmwechsel erhalten.

Filmeinlegen

Nach Öffnen der Kamerarückwand wird der Film einfach in das Patronenfach gelegt. Das geht am einfachsten, wenn der Patronenkern direkt auf den kleinen roten Stift am Kameraboden geschoben und anschließend die ganze Patrone in das dafür vorgesehene Fach gedrückt wird. Dann zieht man den Filmanfang bis zur roten Markierung auf der anderen Seite der Kamerarückseite heraus und schließt die Rückwand durch leichtes Andrücken. Vor dem ersten Filmeinlegen darf nicht vergessen werden, die Schutzfolie der Andruckplatte in der Kamerarückwand zu entfernen. Auch muß darauf geachtet werden, daß man die empfindlichen Verschlußlamellen nicht mit den Fingern oder mit der Filmzunge berührt. Ist die Kamera eingeschaltet, transportiert sie nach Schließen der Rückwand den gesamten Film automatisch bis zur letzten Aufnahme aus der Patrone heraus. Im Bildzählwerk des Datenmonitors erscheint die Anzahl der zur Verfügung stehenden Aufnahmen. Der Film wird dann von Aufnahme zu Aufnahme wieder in die Patrone zurückgespult, so daß beim versehentlichen Öffnen der Kamera keine Aufnahme verdorben werden kann. Ein teilbelichteter Film kann jederzeit zurückgespult werden. Befindet sich kein Film in der Kamera, fehlt auch die Filmanzeige auf dem Datenmonitor. Diese Anzeige ist sonst immer, auch bei abgeschalteter Kamera sichtbar.

Filmtransport

Ein integrierter Micromotor transportiert den Film je nach gewähltem Programm automatisch mit Einzelbild- oder Serienschaltung weiter. Bei Serienaufnahmen schafft die EOS 500 ein Bild in der Sekunde. Dazu muß der Auslöser ständig gedrückt bleiben. Bei Einzelbildschaltung muß der Auslöser für jede Aufnahme erneut gedrückt werden. Das gilt für die Vollautomatik mit dem grünen Rechteck sowie für die Programme Landschaft, Nahaufnahme und das Schärfentiefeprogramm A-DEP. In allen anderen Programmen kann, solange der Auslöser gedrückt bleibt, serienmäßig Bild für Bild belichtet werden.

Der Motor der Canon EOS ist extrem leise, so daß mit dieser Kamera auch dort fotografiert werden kann, wo sonst das Transport- und Auslösegeräusch stören würde.

Scharfstellung

Zur Ermittlung der Schärfe verwendet die Canon EOS 500 das gleiche System wie die EOS 10 und sie ist die eizige der kleinen und leichten Canon SLR-Kameras im EOS-System mit einem Dreipunkt AI-AF-System. Das AF-System ist ein Multi-Basis-Fokussiersystem nach dem Prinzip des TTL-SIR (Second Image Registration). Dabei wird die Schärfe auf Grund von Messungen durch das Objektiv mit einem speziellen »BASIS«-Sensor (BASIS = Base-Stored-Image-Sensor) ermittelt. Dieser erkennt die Phasenverschiebung zweier Teilbilder, ähnlich wie früher die Schnittbildindikatoren. Aus der Abweichung der Teilbilder, den Phasen, errechnet der AF-Computer schließlich Richtung und Größenordnung der vorzunehmenden Verstellung.

Neben dem zentralen Kreuz-Fokussiersensor verfügt die EOS 500 über zwei weitere Sensoren, die rechts und links daneben angeordnet sind. Dadurch entsteht ein dreiteiliges Weitbereichs-Autofokus-Meßfeld, das es erleichtert, auch bewegte Objekte innerhalb des AF-Rahmens zu halten. Es verhindert auch weitestgehend, daß ein Hauptobjekt, das sich außerhalb der Bildmitte befindet, von den Sensoren nicht erfaßt und deshalb unscharf abgebildet wird. Der Breitfeld-AF-Sensor hat somit für viele Aufnahmesituationen entscheidende Vorteile: Einerseits müssen für die automatische Schärfenbestimmung die bildwichtigen Details nicht mehr unbedingt in der Bildmitte liegen. Andererseits können Objekte, die sich parallel zur Filmebene bewegen, vom AF-System erkannt und »verfolgt« werden.

Der Fokussierpunkt wird dabei von der Kamera automatisch ausgewählt. Auf Wunsch kann aber trotzdem für bestimmte Aufnahmesituationen dem zentralen Fokussierpunkt die Priorität zugewiesen werden. Dazu wird wie für die Selektivmessung die Belichtungsspeichertaste gedrückt. Der aktive AF-Meßpunkt bestimmt auch die Priorität bei der Belichtungs- und Blitzbelichtungsmessung.

Der AF-Sensor der Canon EOS 500 kann sich durch den Kreuzsensor in der Mitte bei solchen Motiven sowohl an den horizontalen als auch an den vertikalen Linien und Strukturen orientieren.

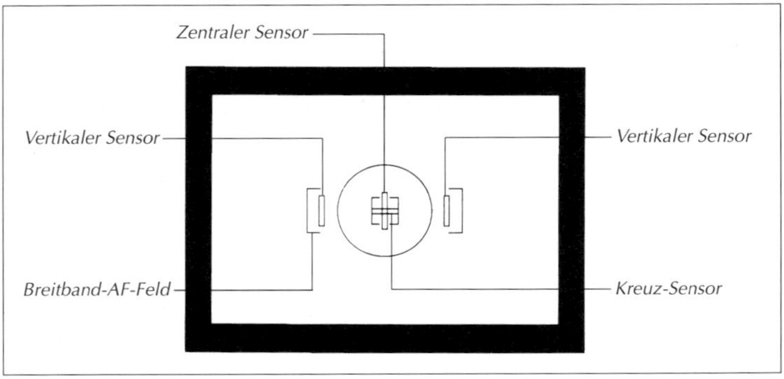

Die drei AF-Sensoren bilden gemeinsam das große AF-Meßfeld der EOS 500 zur Erkennung von horizontalen und vertikalen Strukturen.

Der Arbeitsbereich der im Kameraboden integrierten AF-Sensoren liegt zwischen 1,5 und 18 EV bei ISO 100/21°. Das entspricht etwa einer Belichtungszeit von 1/6 Sekunde bei Blende 1,4. Also selbst bei recht schwacher Beleuchtung kann mit der EOS 500 noch problemlos automatisch scharfgestellt werden. Bei Dunkelheit oder geringerem Kontrast schaltet sich die eingebaute Krypton-Lampe als Autofokus-Meßlicht ein. Damit kann im Brennweitenbereich von 35 bis 135 mm und in Distanzen von 1 m bis etwa 5 m die Entfernungseinstellung automatisch vorgenommen werden. Selbst in tiefschwarzer Nacht ist so eine automatische Scharfstellung möglich. Ist der eingebaute Blitz abgeschaltet und wird stattdessen ein externes Canon Speedlite oder ein SCA-Systemblitzgerät mit Infrarot-AF-Hilfsblitz eingesetzt, wird das das Rotlicht des Blitzgerätes aktiviert. Dessen Reichweite begrägt etwa 10 m. Außerdem wird die Energie der Kamerabatterien gespart.

Die Canon EOS 500 wählt automatisch unter zwei verschiedenen Methoden zur Scharfstellung. Je nach Aufnahmesituation schaltet sie auf die Betriebsarten »One-shot« oder »AF/AI-Fokussierung« um.

AI-Servo-Autofokus

Als »AI-SERVO« wird die ständige Schärfenachführung bei bewegten Motiven bezeichnet. Ein halb gedrückter Auslöser aktiviert die AF-Einstellung. Das Meßsystem mißt kontinuierlich und erkennt dabei automatisch eine Bewegung des mit dem Meßfeld des Suchers anvisierten Objekts. Durch Mehrfachmessungen, bei denen die Canon EOS öfter mißt als andere Systeme, erkennt der AF-Computer auch die Geschwindigkeit der Bewegung und kann die Position des Objekts im Augenblick der Verschlußöffnung vorausberechnen. Dadurch kommt es selbst bei Objekten, die sich sehr schnell direkt auf die Kamera zu oder von ihr weg bewegen, trotz der Verzögerung zwischen dem Druck auf den Auslöser und der eigentlichen Belichtung, zu superscharfen Fotos. AI-AF ist also ein intelligenter Autofokus, der auch automatisch entscheidet, ob die Schärfe sinnvollerweise gespeichert oder nachgeführt (wegen Motivbewegung) werden soll. In jedem Fall hat die EOS 500 eine Fokus-Priorität, die nur dann eine Auslösung zuläßt, wenn die Schärfe stimmt.

One-Shot-Autofokus

In der One-Shot-Einstellung wird die Schärfe bei Antippen des Auslösers auf auf ein Objekt, das sich in einem der drei Meßfelder befindet, eingestellt und gespeichert. Im Normalfall reicht es, daß eines der drei Autofokus-Meßfelder auf dem Aufnahmeobjekt liegt. Zum gleichen Zeitpunkt wird die Belichtung gespeichert.

Durch den Einsatz der Selektivmessung wird das AF-System der EOS 500 zu einem AF-Spot, da auch hier die automatische Scharfstellung und die Belichtung gekoppelt werden.

Manuelle Scharfstellung

Kann das AF-System wegen spezieller Motivbeschaffenheit (zum Beispiel sehr geringer Kontrast, einfarbige oder sehr helle Flächen, bei gleichmäßigen, horizontalen Strukturen, seltener bei starken Gegenlichtreflexen oder Gegenständen in unterschiedlicher Entfernung innerhalb des AF-Meßfeldes) nicht automatisch scharfstellen, blinkt die grüne AF-Anzeige im Sucher.

Oft braucht man auch in diesen Fällen nicht auf die automatische Entfernungseinstellung zu verzichten, da sich einfach Ersatzmessungen auf Objekte in gleicher Entfernung vornehmen lassen

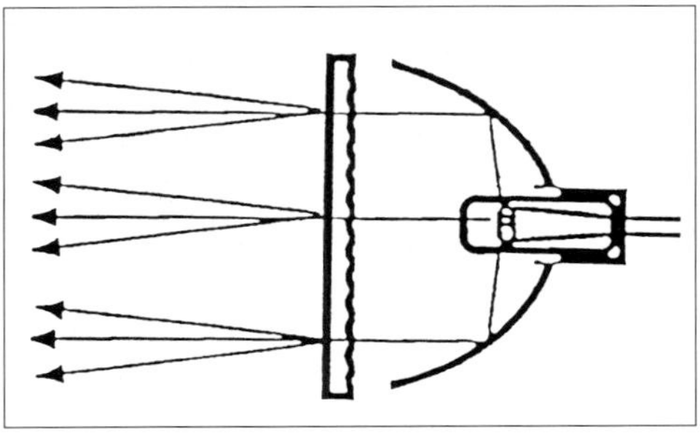

Das besonders helle Autofokus-Hilfslicht der Canon EOS 500 dient auch zur Reduzierung des »Rote-Augen-Effekts«.

und diese gespeichert werden, bis der gewünschte Motivausschnitt gewählt und schließlich ausgelöst wurde.

Nur in Ausnahmefällen wird also eine manuelle Scharfstellung erforderlich sein. Dazu wird im Normalfall der AF-Schieber am Objektiv auf M gestellt. Ist ein Objektiv mit USM-Motor oder genauer mit einem Mikro-USM an der EOS 500, braucht nicht auf »M« umgeschaltet zu werden. Diese Objektive lassen sich jederzeit manuell scharfstellen. Dazu wird der Schärfenring des Objektivs so lange gedreht, bis das Motiv auf der Mattscheibe scharf erscheint. Die Schärfe kann über die Mattscheibe beurteilt werden oder mit Hilfe der grünen LED für die Schärfenanzeige, die auch in dieser Situation aktiv ist. Allerdings haben nicht alle EOS-EF-Objektive – insbesondere nicht die ganz preiswerten – die Möglichkeit der manuellen Scharfstellung. Bei Objektiven mit einem einzelnen »A« im Namen kann nicht manuell scharfgestellt werden.

Autofokus-Messung und Objektivsteuerung

Die Entfernungsmessung erfolgt bei der EOS 500, so wie bei allen Canon EOS-Modellen, in der Kamera selbst; die Einstellung des Objektivs wird jedoch durch den im Objektiv untergebrachten Motor vorgenommen. Drei verschiedene Antriebssysteme verwendet Canon inzwischen in seinen Objektiven. Die Plazierung des Motors in das Objektiv hat den enormen Vorteil, daß jeweils der optimale Motor für die zu bewegenden Massen gewählt werden kann. Die schnellsten Antriebe im Canon Objektiv-Programm sind die Ultraschallmotoren. Davon sind zwei verschiede-

Das Blitzlicht schaltet sich bei solchen Motiven bei Verwendung des Nahaufnahmeprogramms automatisch zu.

ne Baureihen auf dem Markt. Die hochwertigere Linie, zu der vor allem die lichtstarken Hochleistungsobjektive und Telebrennweiten gehören, erfüllt selbst allerhöchste professionelle Ansprüche. Die Bogenmotoren werden nur noch selten eingesetzt und werden im Laufe der Zeit im EOS-Objektivprogramm immer seltener vorkommen. Auf die Vorzüge der einzelnen Antriebsarten wird noch einmal in dem Kapitel über Wechselobjektive intensiv eingegegangen. Hier sei nur kurz darauf hingewiesen, daß die Schnelligkeit eines Autofokussystems auch von dem Antrieb abhängt. Bei dem Canon-System kann dieser Antrieb jeweils optimal auf die zu bewegende Linsengruppe abgestimmt werden.

maxell
AUDIO

N3831T

Belichtungsmeßsystem

Dank des ausgeklügelten Belichtungsmeß- und -steuersystems der EOS 500 ist es keine große Kunst mehr, richtig belichtete Bilder zu erhalten. Richtig belichtet bedeutet, auf einen Film (mit definierter Lichtempfindlichkeit) genau die Lichtmenge einwirken zu lassen, die ein Abbild liefert, das möglichst genau dem fotografischen Objekt (Motiv) entspricht. Das gilt sowohl hinsichtlich der Farbwiedergabe als auch für die Tonwertabstufung in den hellen und den dunklen Bild- bzw. Motivpartien.

Um richtig belichten zu können, wird zunächst die Intensität des Lichtes gemessen. Doch gibt es bis zum heutigen Tag keinen integrierten Belichtungsmesser, der unter allen Bedingungen ein »richtiges« Meßergebnis liefert. Einer der Gründe dafür liegt darin, daß nicht das Licht gemessen wird, das auf das Motiv fällt, sondern das vom Motiv reflektiert wird. Diese Methode machte es überhaupt erst möglich, Belichtungsmesser in die Kameras zu integrieren. Da verschiedene Motivdetails aber unterschiedliche Reflexionsgrade besitzen, registriert der Belichtungsmesser nur die Summe aller Helligkeiten, die er entsprechend seiner Eichung als mittleren Helligkeitswert ansieht. Dieser entspricht nach dem Eichwert einem mittleren Neutralgrau. Die so seit Jahren allgemein praktizierte Gesamtmessung wurde mit Hilfe eines im Kameragehäuse integrierten Computers und speziellen Sensoren bei den Canon EOS-Modellen zu einer Mehrfeldmessung umfunktioniert.

Die Canon EOS 500 verfügt über zwei Meßmethoden und bietet doch fünf Varianten moderner Belichtungsmessung:

1. Eine 6-Feld-Messung mit 3 Hauptfeldern, die in Abhängigkeit vom Autofokus in allen Programmen – außer M – arbeitet.
2. Selektivmessung auf Knopfdruck – mit Spot-Autofokus in den Kreativprogrammen.

⇦ **Auch schwierige Beleuchtungssituationen sind mit der Mehrfeldmessung der Canon EOS 500 spielend zu meistern.**

AF-Sensor links aktiv

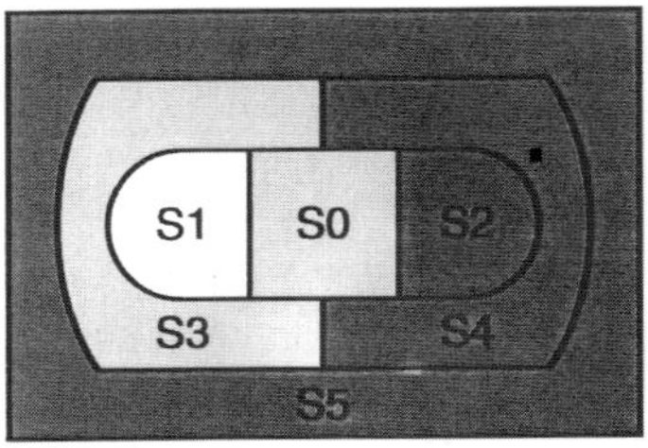

Zentraler Kreuzsensor aktiv

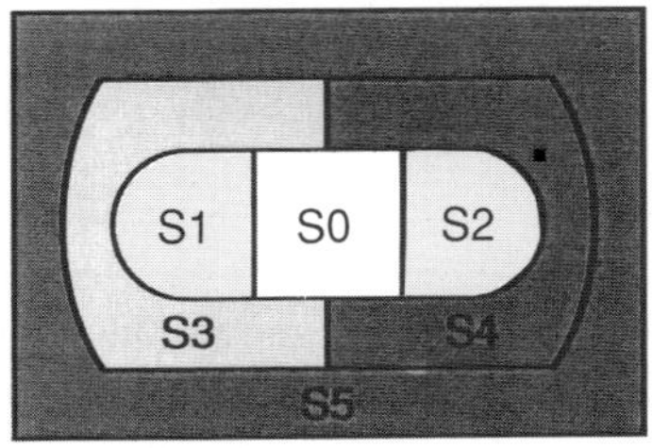

Haupt-Belichtungs-Feld

Nebenfelder

AF-Sensor rechts aktiv

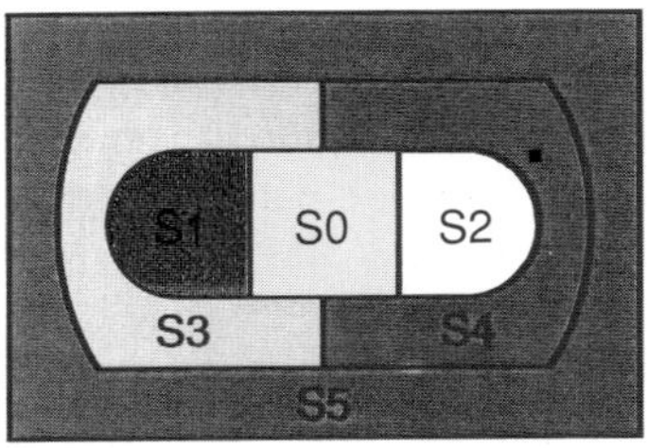

Peripherie-Felder

Das Belichtungskontrollsystem der Canon EOS 500 verändert die Gewichtung jeweils in Abhängigkeit vom aktiven AF-Sensor.

3. Mittenbetonte Integralmessung bei M-Einstellung.
4. Canon-spezifische A-TTL-4-Feld-Blitzmessung mit den Canon-Blitzgeräten 300 EZ, 420 EZ, 430 EZ und auch mit dem SCA 3000-System wie etwa mit dem Metz Mecablitz 42 MZ-2.
5. TTL- 4-Feld-Blitzmessung mit dem eingebauten Blitz und anderen TTL-Blitzgeräten.

Mehrfeldmessung

Die Mehrfeldmessung ist die einfachste und sicherste Meßmethode für wirklich alle Gelegenheiten. Sie liefert selbst für kritische Beleuchtungssituationen automatisch die optimalen Belichtungswerte. Wer mit Farbnegativfilmen fotografiert, kann dieser Meßmethode voll vertrauen. Nur wer Diafilme verwendet, sollte vielleicht in Einzelfällen die von der Kamera vorgeschlagene Belichtung nach kreativen Gesichtspunkten ändern.

Die urprünglichen Schwierigkeiten für alle Belichtungsmeß- und -steuersysteme lagen weniger in ihrer Meßgenauigkeit als vielmehr in der Analyse und Abstimmung der Unterschiede zwischen hellen und dunklen Motivbereichen. Schließlich besitzen Filme nur einen mehr oder weniger begrenzten Belichtungsspielraum, innerhalb dessen die hellsten und die dunkelsten Zonen des Fotos liegen müssen, damit eine Szene nicht nur Schwarz oder Weiß, sondern auch mit ausreichender Zeichnung und feinen Abstufungen wiedergegeben werden kann.

Die Canon Mehrfeldmessung der EOS 500 unterteilt deshalb das gesamte Bildfeld in sechs verschiedene Zonen, die einzeln gemessen werden. Doch jetzt wird nicht einfach, wie es früher viele Fotografen auch bei Mehrfachmessungen machten, ein Mittelwert gebildet. Der Rechner der EOS 500 vergleicht auch die Anordnung der Hell-Dunkel-Verteilung im Bild mit Tausenden gespeicherter Motivsituationen und korrigiert die Belichtung schließlich auf Grund des gefundenen Referenzwertes. Diese Meßmethode liefert praktisch zu 100 Prozent technisch perfekt belichtete Bilder. Verstärkt wird diese Technik dadurch, daß mit

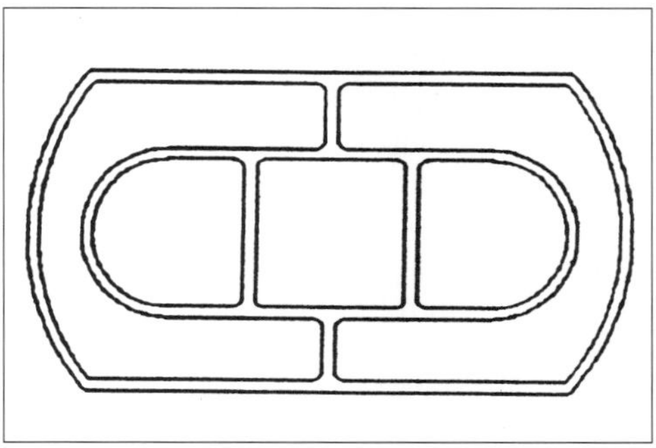

Die Canon Mehrfeldmessung unterteilt das Bildfeld in sechs verschiedene Meßfelder.

dem aktiven Autofokusmeßfeld auch die Priorität für die Belichtungssteuerung vorgegeben wird. Das gilt auch beim Blitzen. Das macht die einfache 6-Feld-Messung zu einer »6-Feld-Messung mit 3-Hauptfeldern«. Fehlmessungen durch Interpretationsprobleme der Kameraelektronik werden damit nahezu ausgeschlossen.

Selektivmessung

Doch technisch richtig belichtet heißt – speziell für Diafotografen – nicht immer auch optimal belichtet. In bestimmten Situationen liefert die tendentiell auf Ausgleich programmierte Mehrfeldmessung als Meßmethode nicht immer die beabsichtigte Bildwirkung. Wenn es beispielsweise darum geht, in Motiven mit hohen Kontrasten die Betonung auf ein ganz bestimmtes Motiv-Detail zu legen und gleichzeitig alles andere durch Unter- oder Überbelichtung verschwinden zu lassen, hilft die Selektivmessung weiter.

Das Meßfeld für die Selektivmessung der Canon EOS 500 ist durch den kleinen Kreis in der Suchermitte gekennzeichnet. Er berücksichtigt nur 9,5 Prozent des gesamten Bildfeldes.

Die Selektivmessung ist eine Meßmethode, bei der der Fotograf selbst die Lichtsituation des Sujets hinsichtlich Stimmung und Auffgabenstellung interpretiert. Mit ihr kann der Fotograf ganz gezielt den Bildteil anmessen, der unabhängig von der gesamten Helligkeitsverteilung optimal belichtet werden soll. Diese Meßmethode verlangt allerdings etwas Erfahrung.

Vor allem, wenn es durch den Helligkeitsunterschied im Motiv zu Über- oder Unterbelichtungen wichtiger Bilddetails kommen kann, ist die Selektivmessung sinnvoll. Diese Meßmethode ist aber gleichzeitig auch ein Hilfsmittel für die kreative Bildgestaltung. Dazu ein Beispiel: Es soll ein Porträt bei Sonnenuntergang aufgenommen werden. Die Leuchtkraft der roten Sonne hat bereits so weit nachgelassen, daß man fast schon mit bloßem Auge hineinschauen kann. Ist nun die Kamera auf das Porträtprogramm eingestellt, wird sie die Blende weit öffnen. Wegen der geringen Schärfentiefe bei offener Blende wird die Sonne nicht scharf abgebildet. Der Helligkeitsunterschied im Bild wird durch das Blitzlicht auf ein technisch wünschenswertes Maß reduziert. Für Schnappschüsse ist das sicher eine zufriedenstellende Lösung. Für ein individuell gestaltetes Bild nicht unbedingt. In diesem Fall kann nun der Fotograf zum Beispiel folgendermaßen eingreifen. Richtet er das Selektiv-Meßfeld voll auf die Sonne, wird diese knapper belichtet. Das Porträt im Vordergrund wird dadurch unterbelichtet und auf eine Silhouette reduziert. Es wird garantiert ein dramatisch stimmungsvolles Bild. Eine Prise Blitz kann – eventuell bei der zweiten Aufnahme – noch für Zeichnung in den Schattenpartien sorgen.

Eine andere extreme Stimmung erhält der Fotograf, wenn er das Selektiv-Meßfeld voll auf die dunkelste Bildstelle, in diesem Fall das Gesicht, ausrichtet. Dann wird dieses korrekt belichtet, während Himmel und die Sonne pastellartig überbelichtet werden. Das kann ein sehr romantisches Bild ergeben, bei dem aber von der Dramatik des Sonnenunterganges nichts mehr zu sehen ist. Die Kunst liegt in den meisten Fällen darin, in der hellsten (oder dunkelsten) Stelle des Bildes noch einen Hauch von Detailzeichnung entstehen zu lassen. Ansonsten liegen zwischen den

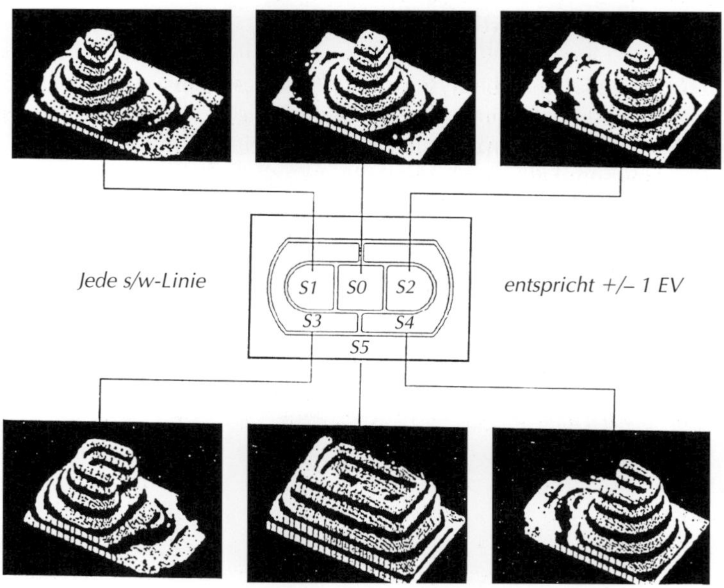

Das Schema zeigt die Gewichtung der einzelnen Meßfelder.

beiden beschriebenen Extremen eine Vielzahl von Varianten und Helligkeitsstufen, die der erfahrene Fotograf durch den bewußten Einsatz der Selektivmessung erreichen kann. Die Selektivmessung ist also eine kreative Meßtechnik, mit der sich die vorgefundene Stimmung interpretieren oder verstärken bzw. abschwächen läßt. Wer mit der EOS 500 für solche Situationen Erfahrungen sammeln will, sollte in jedem Fall immer zuerst eine Aufnahme mit der Mehrfeldmessung machen und erst dann die weiteren systematisch mit Hilfe der Selektiv-Messung.

Zusammengefaßt: Die Mehrfeldmessung der Canon EOS 500 ist für alle Aufnahmesituationen geeignet und liefert – speziell beim Einsatz von Farbnegativfilmen – immer eine Belichtung, die ein technisch einwandfrei vergrößerbares Negativ ergibt. Auch Diafotografen können sich unbeschwert dieser Belichtungstechnik anvertrauen, selbst in kritischen Lichtsituationen wie etwa Gegenlicht und bei starken Helligkeitsunterschieden im Motiv.

Mittenbetonte Integralmessung

Bei manueller Belichtungseinstellung ist das Meßsystem der EOS 500 auf mittenbetonte Integralmessung geschaltet. Bei dieser Technik wird das ganze Aufnahmefeld in einem Mittelwert erfaßt, der in diesem Fall vom Bildmittelpunkt – etwa dem Selektivmeßfeld entsprechend – stärker beeinflußt wird.

Belichtungssteuerung

Die normale Belichtungsmessung ist also bei der Canon EOS 500 die Sechs-Feld-Messung. Ist dabei eines der beiden peripheren Meßfelder des großen AF-Meßbereichs aktiv, wird auch die dortige Lichtsitutation verstärkt bei der Bestimmung der Belichtung berücksichtigt. Das ist sinnvoll, denn die Schärfe wird von der Kamera ja auch stets möglichst auf die bildwichtigste Motivpartie gelegt. Deshalb sollte dort auch die Betonung für die Belichtungsmessung liegen. Dadurch wird jeweils dem Umfeld des aktivierten AF-Sensors eine besondere Bedeutung beigemessen. Die Belichtung wiederum ergibt sich aus der Kombination von Verschlußzeit und Blende. Beide Parameter sind wiederum gleichzeitig auch wichtige Gestaltungselemente. Damit nun jederzeit bei automatisch richtiger Belichtung, Blende und Verschlußzeit auch als Gestaltungsmittel getrennt oder gemeinsam genutzt und individuell nach eigenen Vorstellungen beeinflußt werden können, stehen dem EOS 500-Fotografen insgesamt acht verschiedene Betriebsprogramme zur Verfügung. Diese lassen sich in Kreativ- oder der Motivprogramme unterteilen.

Ob die Kamera mit unproblematischer, dem Motivbereich angepaßter Vollautomatik arbeiten oder ob sie als kreatives Handwerkszeug dienen soll, ist vom Fotografen leicht zu bestimmen: mit einem einzigen Dreh an der zentralen Wählscheibe.

Das schwarze L (Lock) im roten Quadrat blockiert alle Funktionen, der LCD-Monitor zeigt keinerlei Symbole, nur die Anzahl der noch zur Verfügung stehenden Aufnahmen; die Kamera ist elektronisch stillgelegt. Durch eine kleine Drehbewegung nach links oder rechts läßt sie sich aktivieren. Doch schon dieser Dreh will überlegt sein, denn er entscheidet, wieviel oder wie wenig Technik der Fotograf einsetzen will.

Kreativprogramme

P – Programmautomatik – frei von Aufnahmetechnik, vollautomatisch – jedoch ohne automatischen Zusatzblitz, über Shift-Funktion beeinflußbar.

Tv – Zeitvorwahl mit Blendenautomatik – die Zeit wird vorgewählt, die Blende automatisch gesteuert.

Av – Blendenvorwahl mit Zeitautomatik – die Blende wird vorgewählt, die Zeit automatisch gesteuert.

»A-DEP« – Schärfentiefeautomatik – der Schärfentiefebereich wird durch die drei AF-Meßpunkte bestimmt, Zeit- und Blende werden automatisch gesteuert.

M – Manuelle Eingabe von Zeit und Blende. Diese Parameter werden entweder frei oder nach Belichtungsmesserangaben der Kamera gewählt.

Um mit diesen Programmen, die sich oberhalb der »L«-Stellung der zentralen Wählscheibe befinden, optimal fotografieren zu können, muß der Fotograf schon zumindest grundlegende Kenntnisse der Fototechnik beherrschen. Doch gibt es genügend Fotosituationen, die bestimmt mehr als 80 Prozent der Hobbyfotografie betreffen, die sich in einigen wenigen Aufnahmebereichen zusammenfassen lassen. Jeder dieser Aufnahmebereiche hat seine eigenen typischen fotografischen »Spielregeln« und innerhalb seines Bereiches auch ähnliche technische Voraussetzungen. Das hat Canon zum Anlaß genommen, für diese Motivbereiche eigene Belichtungsprogramme zu entwickeln. Motivadäquate Kamerasteuerung ist das Geheimnis der Motiv-Programme, die die technische Qualität vieler Aufnahmen deutlich anhebt. So erhalten auch Fotografen, die sich nicht tagtäglich mit der Fototechnik beschäftigen, die Möglichkeit, sich ganz auf den kreativen Part der Aufnahme zu konzentrieren und die Technik weitestgehend der Kamera zu überlassen. Darum hat die EOS 500 insgesamt vier Motivprogramme.

Motiv-Automatiken

»Motivautomatik«, von Canon auch als PIC-System (Programmed Image Control) bezeichnet, gibt es in vier Varianten, die erstaunlich praxisgerecht alle wichtigen Kamerafunktionen vollautomatisch steuern. Diese Programme sind ideal für Fotografen, die nicht jeden Tag die Hohe Schule der Fotografie praktizieren wollen, aber optimale Ergebnisse verlangen. Die Einstellvarianten sind:

»Grünes Rechteck«
Porträt
Landschaft
Nahaufnahmen
Sportprogramm

Leicht erkennbare Pictogramme auf der zentralen Einstellscheibe erleichtern die schnelle Wahl des Motivprogramms. Beim Einschalten der Kamera, also zum Verlassen der eingerasteten Stellung »L« (Lock), muß nur die zentrale Wählscheibe gedreht werden. Nach Eindrehen eines Pictogramms sind die für diesen Motivbereich notwendigen Kameraeinstellungen und Aufnahmetechniken auf ein Minimum reduziert: auf das Motiverkennen, den Ausschnitt Wählen und das Auslösen. Die ideale automatische Scharfeinstellung, die erfolgversprechendste Belichtungsmeßmethode und die optimale Filmtransportart werden von der Programmsteuerung automatisch und für diesen Aufnahmebereich »motivgerecht« eingestellt. Direktes Eingreifen wie Umschalten auf Selektivmessung ist dann nicht mehr möglich und wäre auch nicht sinnvoll.

Grüne Zone

Die »grüne Zone« signalisiert beim Autofahren freie Fahrt und genau die gleiche Aufgabe hat das »grüne Rechteck« am Hauptschalter der EOS 500. Es kennzeichnet das Standard-Programm, die programmierte Vollautomatik, der EOS 500. Vom technischen Ablauf gesehen ist es identisch mit dem anderen P-Programm, das auf der kreativen Seite der zentralen Wechselscheibe zu finden ist. Die Kamera wählt automatisch, abhängig von der Brennweite des angesetzten Objektivs die am besten geeignete Zeit-Blendenkombination für die Aufnahme.

Mit diesem »grünen Licht« für das Fotografieren ohne weitere Vorbereitungen lassen sich bestimmt mehr als 80 Prozent aller »normalen« Motive technisch perfekt einfangen. Canon bezeich-

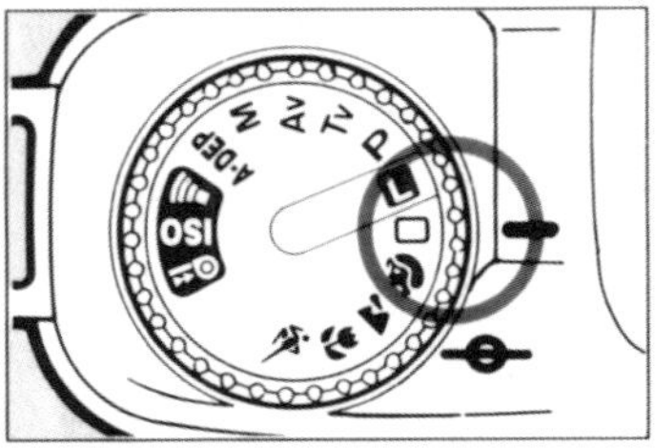

Bei Einstellung der Kamera auf das Grüne Rechteck, genügt das Anvisieren des Motiv mit dem großen Meßfeld und der Druck auf den Auslöser.

net das »grüne Zone«-Programm als »intelligente Programmautomatik«. Das bedeutet, bei wenig Licht arbeitet das Programm wie eine reine Zeitautomatik. Erst wenn bei der größten Blende des Objektivs eine Verschlußzeit erreicht wird, die dem Kehrwert der Aufnahmebrennweite entspricht, beginnt die Programmautomatik: Sie schließt die Blende und verkürzt gleichzeitig die Belichtungszeit. Zeit und Blende verändern sich dabei im Gleichschritt. In einem Koordinatensystem steigt die Linie für die Belichtungswerte (EV) von diesem Punkt im Winkel von 45° an. Die Intelligenz liegt jedoch nicht in diesem Ablauf, der internationaler Standard ist, sondern in den Informationen, die beispielsweise ein Zoomobjektiv dem zentralen Kamera-Computer mitgibt. Das sind Informationen über die Anfangs- und Endbrennweite des Objektivs und die jeweils für die eingestellte Brennweite maximale Blendenöffnung. Das bedeutet: Das Belichtungsprogramm wird mehrfach optimiert. Bei Canon EF Zooms geschieht das beim Verstellen der Brennweite bis zu fünfmal. Üblich sind allgemein zwei bis drei Anpassungen an die veränderte Brennweite.

Der Kehrwert der Brennweite (also 1:Brennweite) gilt als der Grenzwert für die »längstmögliche« Verschlußzeit bei Aufnahmen aus der Hand ohne zu verwackeln. Bei längeren Automatikzeiten warnt deshalb die Canon EOS 500 durch das Blinken der Verschlußzeit vor der Gefahr einer verdorbenen Aufnahme und klappt gleichzeitig das eingebaute Blitzlicht aus.

Im »grünen Bereich« arbeitet die Kamera mit kontinuierlichem Autofokus und ist auf Einzelbild geschaltet. Beim Antippen des Auslösers wird zunächst einmal versucht, die Schärfe mit allen drei AF-Feldern zu messen. Auf Grund der Entfernungsverhältnisse in den Bildfeldern entscheidet sich die Kamera schließlich, welches Meßfeld für die Einstellung herangezogen werden sollen. Die Auslösefunktion wird erst freigegeben, nachdem die Schärfe fixiert wurde und der eventuell zugeschaltete Blitz seine Bereitschaft signalisiert hat. Bei zu starkem Gegenlicht oder für verwacklungsfreie Aufnahmen zu schwachem Licht blinkt im Sucher ein grünes Blitzsymbol. Fast im gleichen Augenblick wird der Blitz ausgefahren.

Der Filmtransport steht im Vollautomatik-Programm auf Einzelbildschaltung. Die analysierende Mehrfeldmessung sorgt für richtige Belichtung, und das sogar bei extremen Motiven wie Schneelandschaften bei Sonnenschein.

Das grüne Rechteck ist die optimale Einstellung für Standardmotive, unkomplizierte Schnappschüsse und Erinnerungsbilder ohne große, aufnahmetechnische Überlegungen. Wenn man unsicher ist, welches Programm eingestellt werden soll, liefert die Vollautomatik garantiert den höchsten Prozentsatz gelungener Bilder. Dabei spielt es keine Rolle, mit welcher Brennweite fotografiert wird, denn das gesamte Objektivprogramm läßt sich in dieser Funktion einsetzen.

Beim vollautomatischen »grüne Zone«-Programm wird auf dem LCD-Monitor die Zeit-Blenden-Kombination angezeigt und wie bei allen anderen Programmen die Bildnummer und der Batteriezustand. Das akustische Warnsignal ist angeschaltet.

Porträtaufnahme-Programm

Diese Einstellung ist für die Verwendung von Teleobjektiven konzipiert. Bei Zoomobjektiven wird die Einstellung der längsten Brennweite empfohlen. Das Programm wurde auf zwei typische Bildausschnitte optimiert: Das Brustbild und das Vollporträt. Geht der Fotograf so nah an sein Modell heran, daß Kopf und Oberkörper formatfüllend im Sucher zu sehen sind, sollte man das Autofokus-

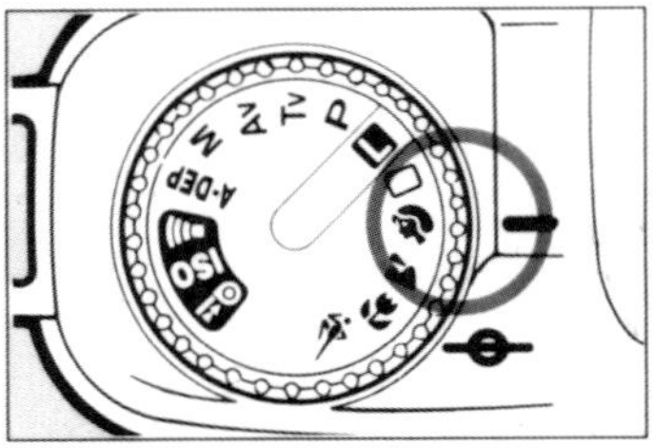

Einstellung auf das Porträtprogramm.

meßfeld auf die Augen richten, den Auslöser andrücken, festhalten und erst, wenn der richtige Bildausschnitt gefunden ist, auslösen.

Das ist unbedingt notwendig, denn sonst wird oftmals der Halsansatz superscharf sein, aber nicht die Augen, die immer noch am deutlichsten etwas über die Persönlichkeit aussagen. Das bedeutet aber auch, daß man nach jeder Aufnahme das Meßfeld neu ausrichten und die Einstellung fixieren muß. Bei Verwendung der USM-Objektive, die eine Distanzinformation zum Kameracomputer geben, wird in diesem Bereich mit Blende 11 gestartet, so daß ausreichend Schärfentiefe gewährleistet ist. Erst ab Distanzen, die dem Fünffachen der Brennweite entsprechen, bis zu Entfernungen, die der 10fachen Brennweite entsprechen, öffnet sich die Blende bis 5,6 und bleibt dann bei dieser Blendeneinstellung. Bei sehr kurzen Belichtungszeiten wird die Blende dann wieder schrittweise geschlossen.

Bei den EF-Objektiven, die keine Distanzinformationen zur Kamera geben, wird die größte Blende des verwendeten Objektivs um 2/3 Werte geschlossen. Bis zum Erreichen der 1/1000 Sekunde wird ausschließlich die Belichtungszeit verändert. Das hat den Vorteil der selektiven Schärfe, durch die sich selbst unruhige Hintergründe in angenehme Unschärfe auflösen.

In jedem Fall schaltet sich bei Gegenlicht oder zuwenig Aufnahmelicht das eingebaute Blitzgerät automatisch dazu.

Ungewöhnlich für europäische Fotografen ist die Serienschaltung beim Filmtransport, die etwa ein Bild pro Sekunde bei gedrücktem Auslöser liefert. Die Schärfe und auch die Mehrfeldmessung bleiben so lange gespeichert, wie der Auslöser gedrückt ist.

Landschaftsaufnahmen-Programm

»One-shot«-Autofokus und Einzelbildschaltung werden bei Einstellung der zentralen Wählscheibe auf das Landschaftssymbol von der Kamera eingesteuert. Es geht beim Fotografieren von Landschaftsmotiven selten hektisch zu. Ferner ist immer ausreichend Zeit vorhanden, ein zweites Mal auf den Auslöser zu drücken.

Die Auswertung vieler tausend Landschaftsbilder hat gezeigt, daß Naturmotive direkt im Unendlich-Bereich oder nicht weit davon angesiedelt sind. Landschaft findet bei Hobbyfotografen fast ausschließlich als Übersichtsbild seinen fotografischen Niederschlag. Natürlich will, wer viel aufs Bild bringt, dies auch möglichst von vorn bis hinten scharf haben. Deshalb sorgt das Programm erst einmal durch eine kleine Blende für einen passablen Schärfentiefebereich. Darum eignen sich extreme Superweitwinkelobjektive genau wie alle Zoomobjektive mit einer Anfangsbrennweite zwischen 28 und 50 mm hervorragend für das Landschaftsprogramm. Telebrennweiten über 200 mm sind bei der Einstellung auf das Landschaftssymbol nicht zu empfehlen.

Unter den beschriebenen Voraussetzungen kann man davon ausgehen, daß mehr als 90 Prozent der Landschaftsmotive mit Hilfe dieses Programms in saubere und richtig belichtete Bilder mit beeindruckender »Raumschärfe« zu verwandeln sind.

Super-Weitwinkelobjektive sind schwieriger bei der Bildkomposition und verlangen schon recht viel Erfahrung, wenn im Vordergrund nicht nur gähnende Leere und im Unendlich-Bereich nicht winzige Motivdetails auftauchen sollen.

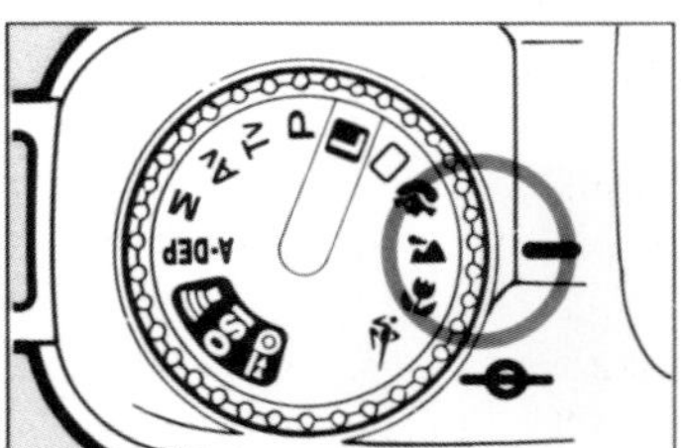

Einstellung auf das Landschaftsprogramm.

»Landschaft« ist somit ein »auf Weitwinkelsicht« ausgelegtes Motivprogramm, das nach Erreichen von Blende 5,6 und des reziproken Werts der Brennweite die Belichtung durch Schließen der Blende und Verkürzen der Verschlußzeit in gleichen Schritten reduziert.

Wer dagegen gern Personen im mittleren Vordergrund mit ins Bild bringt, etwa sich oder Familienmitglieder vor großartiger Landschaftskulisse oder beispielsweise vor dem Eiffelturm fotografiert, sollte in solch einer Situation auf das Programm »A-DEP« umschalten. Architektur- und Stadtmotive lassen sich mit dem Landschaftsprogramm ebenfalls problemlos festhalten.

Nahaufnahme-Programm

In diesem Motivbereich stößt der Fotograf sehr schnell an die Grenzen des vorhandenen Lichts. Deshalb ist das Nahaufnahme-Programm sowohl für Aufnahmen mit Dauer- als auch mit Blitzlicht, das sich selbst zuschaltet, konzipiert worden. Selbstverständlich kann bei Bedarf auch jedes Canon Speedlite auf den Blitzschuh geschoben werden. Der Hauptvorteil eines »Original«-Blitzgerätes liegt darin, daß sich die Elektronik der Kamera und des Blitzgeräts aufeinander abstimmen und sich daher präzise miteinander koordinieren lassen. So wird die Reflektoreinstellung des Blitzgerätes durch die EOS 500 automatisch der Brennweite des verwendeten Objektivs angepaßt, wodurch gleichzeitig die Leitzahl des Gerätes optimiert werden kann. Ferner wird wahlweise mit A-TTL- oder TTL-Blitzsteuerung fotografiert. Der Blitz übernimmt dabei zunächst nur Aufhellfunktionen. Er wird nur dann

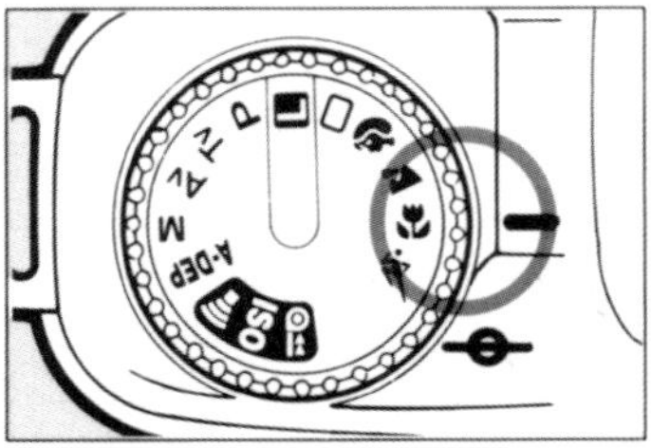

Einstellung auf
das Nahaufnahmeprogramm.

zum Hauptlicht, wenn Lichtmangel herrscht. Blende 5,6 ist beim Nahaufnahmeprogramm die größte, also die am weitesten geöffnete Blende, die zum Einsatz kommt. Kleinere Werte werden vom Programm bevorzugt, damit der bei diesem Motivbereich naturgemäß geringe Schärfenbereich optimal genutzt wird.

Ohne zusätzliches Blitzlicht entspricht der Verlauf der Automatik dem Landschafts-Programm, das auch auf Blende 5,6 ausgerichtet ist. Während jedoch dort um den Unendlich-Bereich die Schärfentiefe genutzt wurde, kommt sie hier der Naheinstellung zugute.

Damit alle Details bei einer Nahaufnahme auch optimal belichtet werden, ist die Mehrfeldmessung eingeschaltet. Solange der Auslöser angedrückt ist, bleiben bei der Nahbereichsautomatik Schärfe und Belichtung gespeichert. Fotografische Grenzbereiche, wie eine Nahaufnahme, sind mit einem der Kreativ-Programme auf der anderen Seite der Wählscheibe eventuell besser, aber auf keinen Fall einfacher, zu lösen.

Sport- und Action-Programm

Das Programm für Sport- und Actionaufnahmen ist die ideale Automatik, wenn der Fotograf festgestellt hat, daß er trotz aller Vollautomatik immer noch verwackelte Aufnahmen erzielt. So lassen sich mit diesem Programm auch alle »normalen« Motive, seien es nun touristische oder familiäre mit besonders schnell ablaufenden Bewegungen, zu Superschärfe verhelfen. Es ist daher ein ideales Schnappschußprogramm.

Doch selbstverständlich kann das Sportprogramm auch echte Sportbilder scharf festhalten. Man beachte aber das »kann«! Wer zu einem Formel 1-Rennen fährt und vorher sein Sportprogramm nicht ausprobiert hat, muß sich nicht wundern, wenn es nicht so klappt, wie er sich das vorgestellt hat. Die Kamera, möglichst noch mit einer Telebrennweite von 200 mm bestückt, im letzten Moment hochreißen, draufdrücken und 36 scharfe und spektakuläre Fotos haben zu wollen, das ist nicht möglich. Man sollte schon die visuellen Höhepunkte der Sportart kennen, nah genug heran gehen und das heißt häufig, Brennweiten über 300 mm einsetzen, dann kann das Programm die Aufnahmetechnik auf das Auslösen reduzieren. Am Programmablauf sollte der Erfolg nicht scheitern: Die Priorität liegt auf der kurzen Verschlußzeit. Bewegung soll »einge-

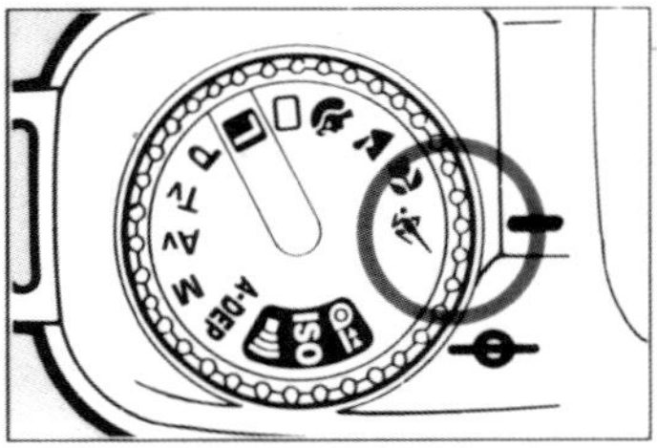

Einstellung für das Sport/Actionprogramm.

froren« und somit scharf wiedergegeben werden. Dabei wird nicht die größte Blende des Objektivs herangezogen, sondern eine »Arbeitsblende«, die um den Faktor 0,75 weiter geschlossen wurde, damit auch lichtstarke Objektive noch an der, wenn auch geringen, Schärfentiefe partizipieren können. Ist mehr Licht vorhanden, so wird zuerst und einzig die Verschlußzeit gekürzt. Das geschieht bis zu maximal drei Zeitstufen. Die Verschlußzeit, die die Verwacklungsgrenze markiert, also 1: Brennweite, wird bis zu maximal drei Stufen weiter verkürzt. Das ergibt bei einem lichtstarken 1,8/200-mm-Objektiv einen Einstellbereich zwischen 1/200 s und 1/1600 s. Erst wenn auf Grund ausreichender Motivbeleuchtung der Maximalwert erreicht ist, beginnt sich die Blende schneller zu schließen, als die Zeit weiterhin verkürzt wird. Zeit und Blende reduzieren die Lichtmenge dann im Verhältnis 40 zu 60.

Diese Art der Belichtungssteuerung ist besonders im Teleobjektivbereich über 200 mm praxisgerecht. Wenn der Fotograf dann noch die Serie verhältnismäßig früh startet, so daß der Autofokus die auf ihn zulaufende Bewegung nicht nur rechtzeitig erkennen, sondern frühzeitig und somit auch äußerst präzise hochrechnen kann, wo sich das Objekt zum Zeitpunkt der Aufnahme und der nächsten Messung befinden wird, dann werden auch schnellste Bewegungsabläufe vom ersten bis zum letzten Bild scharf. Das gilt zumindest für den Teil des Sujets, der noch zum Schärfentiefebereich gehört, denn ein Pferd, Fahrzeug oder anderer Gegenstand ist selbst auf die Entfernung von 500 m bei Blende 4 und 200 mm Brennweite niemals vollständig, sondern nur von 9,70 bis 10,30 m scharf, beim 400er erreicht man diesen Wert erst bei 20 m Aufnahmeentfernung. Erst Blende 16 wird in beiden Fällen bei den genannten Entfernungen auf einen Schärfentiefebereich von 2,60 m kommen. Eine das Motiv umhüllende scharfe Raumtiefe ist somit nur durch den Einsatz hoher und höchstempfindlicher Filme zu erzielen und nur bis zu einem bestimmten Abbildungsmaßstab. Doch vorher muß der Fotograf erst einmal seine Kamera beherrschen und sicher sein, daß er sein Motiv zwischendurch nicht aus dem Sucher verliert.

Für das Sport-Programm sind alle Festbrennweiten ab 135 mm ideal sowie Zoomobjektive, die in ihrer kürzesten Brennweite über 70 mm liegen.

Steuerbare Belichtungsautomatiken

Die andere Seite der zentralen Wählscheibe ist für fortgeschrittene Fotografen gedacht, die bereits die Parameter kennen, die für eine gelungene Aufnahme beherrscht werden müssen.

Die Betriebsarten der EOS 500 werden dort – wie mittlerweile allgemein üblich – mit den Anfangsbuchstaben der englischen Bezeichnung dieser Belichtungsautomatiken gekennzeichnet:

P für Programmautomatik, die aber im Gegensatz zur »grünen Zone« vom Fotografen zu beeinflussen ist oder sich seinen Vorgaben unterordnet.

»Tv« steht für »Time-value-Priority« (Time = Zeit, value = Wert, also Belichtungszeit vorwählen), als Gedächtnisstütze können sich alle diejenigen ohne englische Sprachkenntnisse das »T« für die Funktion »Tempo festhalten«, also Zeit vorwählen, merken. Diese Betriebsart wird auch als Blendenautomatik bezeichnet.

»Av« ist die Abkürzung für »Aperture-value-Priority« (Aperture = Öffnung, Blende). Auch hier gibt es eine einfache Gedächtnisstütze. Merken Sie sich »A« für »Abblenden«, also Blende einstellen. Allgemein wird diese Funktion bei uns als Zeitautomatik bezeichnet.

»A-DEP« steht für englisch »auto depth of focus«, also das automatische Schärfentiefe-Programm. Bei diesem Programm werden alle drei Meßpunkte des AF-Systems genutzt. Die Kamera stellt automatisch eine Blende ein, die für den so erfaßten Entfernungsbereich ein scharfes Bild liefert. Schaltet sich der Blitz zu, sollte er wieder zugeklappt werden, denn dann entspricht die Automatik einer normalen Programm-Automatik, die dem Fokuspunkt mit der geringsten Entfernungsmessung die Priorität gibt. Ist das Blitzgerät wieder zugeklappt, wird auch mit langen Belichtungszeiten trotz Verwacklungsgefahr belichtet. Ein Stativ ist hier deshalb oft empfehlenswert.

»M« steht für »manuelle Einstellung«.

Im Display werden jeweils die zum vorgewählten Programm gehörigen technischen Daten angezeigt. Im Sucher sind bei aktivierter Elektronik stets Zeit- und Blendenangaben sichtbar, ein Plus- oder/und Minus-Symbol kann dazu kommen.

Bei allen Programmen außer der »M«-Einstellung wird die Belichtung normalerweise mit der Mehrfeldmessung ermittelt. Durch einfachen Daumendruck auf die Selektivtaste kann aber in allen kreativen Betriebsarten jederzeit auf die mittenbetonte Selektivmessung umgeschaltet werden. Im Sucher wird die Selektivmessung durch ein Sternsymbol angezeigt. Es leuchtet auf, wenn die Selektivmeßtaste gedrückt und das Ergebnis gespeichert wird.

Jedes Meßergebnis läßt sich, unabhängig von der Meßmethode, so lange speichern, wie der Auslöser angetippt gehalten wird.

Drohende Über- oder Unterbelichtungen werden ebenfalls in allen Programmen angezeigt. Sie sind am Blinken der Zeit, der Blende oder beider Werte erkennbar. Bei manuellem Betrieb wird durch die Anzeige »+« zum Öffnen oder mit »-« zum Schließen der Blende oder bei gedrückter Av-Taste zum Verkürzen oder Verlängern der Zeit aufgefordert.

Programmautomatik

Bei »Programmautomatik« werden für eine korrekte Belichtung Blende und Verschlußzeit von der Kamera automatisch gewählt. Dabei wird von der Belichtungssteuerung der Kamera die Brennweite des verwendeten Objektivs berücksichtigt. Aus dem Kehrwert der Brennweite ergibt sich der Start der Steuerkurve für die Belichtungszeit. Bei Zoomobjektiven kann je nach eingestellter Brennweite und unterschiedlicher Lichtstärke der Kurvenverlauf

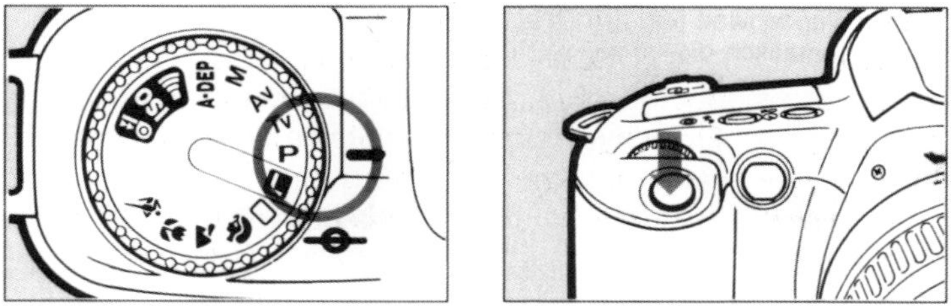

Bei Programmautomatik werden Blende und Verschlußzeit automatisch vorgeschlagen. Beide können über den Programmshift verändert werden, ohne daß sich die Gesamtbelichtung ändert.

bis zu fünfmal dem jeweils aktuellen Wert von 1/Brennweite angepaßt werden. Von 30 Sekunden bis zum Erreichen des Kehrwertes wird die Belichtung bei größter Blende nur über die Zeit gesteuert. Ist ausreichend Helligkeit vorhanden, so daß der Wert 1/Brennweite überschritten wird, beginnt die eigentliche Programmautomatik, die Zeit- und Blendenwerte gemeinsam zu verändern. Das geschieht bei der EOS 500 in Viertelstufen. Im Diagramm verläuft die Kurve unter einem Winkel von 45°.

Sollte einmal die Blende schon auf den kleinsten Wert geschlossen sein, ohne daß dies zu einer korrekten Belichtung ausreicht, wird allein die Zeit weiter verkürzt – wenn es sein muß bis zur Verschlußzeit von 1/2000 Sekunde.

Es mag manchen dabei vielleicht irritieren, wenn Zeit- und Blendenwerte nicht nur in bekannter »Numerierung« erscheinen und beispielsweise unten im Sucher plötzlich grün die Zeit-Blendenkombination von 1/750 s und Blende 13 aufleuchtet. Durch die elektromagnetisch gesteuerte Blende sind bei EOS-Objektiven auch solche Werte problemlos und äußerst präzise einzustellen. »Krumme« Werte wie 1/900 s sind bei den Verschlußzeiten schon länger bekannt.

Durch die extrem große Zeitensteuerung zusätzlich zur normalen Zeit-Blendenkombination sind Fehlbelichtungen nahezu ausgeschlossen. Sollte trotzdem die Gefahr bestehen, blinken im Sucher Zeit- und Blendenangabe. Bei zuviel Licht (möglich bei höchstempfindlichem Film und Sonnenschein) hilft ein Neutral-Graufilter (ND-Filter), bei zuwenig das Blitzlicht.

Es gibt bei der EOS 500 und »P«-Einstellung kein Warnsignal für die Verwacklungsgefahr, da die Canon Techniker davon ausgehen, wer die Kreativprogramme einsetzt, hat fotografische Erfahrung. Das gleiche gilt für das Zuschalten des Blitzes, das nicht automatisch erfolgt. Drückt der Fotograf den Zuschaltknopf für das Blitzlicht, so wird sofort die kürzestmögliche Belichtungszeit für das Blitzlicht, die Synchronisationszeit von 1/90 Sekunde, eingestellt.

Die »P«-Automatik ist bei normalen Helligkeiten auch für den kreativen Fotografen eine bequeme Alternative. Er kann diese Automatik jederzeit ganz einfach seinen Wünschen oder Bedürfnissen anpassen und zwar jeweils für eine Aufnahme. Mit Hilfe des praktischen Elektronik-Einstellrades lassen sich, ohne die Kamera vom Auge zu nehmen, Zeit und Blende gemeinsam ändern. Da die Angaben gut im Sucher lesbar sind, ist die durch Drehen des Elektronik-Einstellrades erzielte Änderung sofort erkennbar. »Programm-Shifting« heißt diese Verschiebung der automatisch gewählten Zeit/Blenden-Paare.

So sind nur durch Drehen am Einstellrad für die gerade gemessene Lichtsituation alle vorhandenen Blendenwerte und die dazu gehörigen Verschlußzeiten einstellbar. Das bedeutet etwa bei einer Helligkeit, die dem Lichtwert 13 entspricht, und angesetztem Standardobjektiv 1:1,8/50 mm, daß sich Kombinationen (hier ohne die Zwischenwerte zu berücksichtigen) von Blende 2 und 1/2000 s, 2,8 und 1/1000 s, 4 und 1/500 s, 5,6 und 1/250 s, 8 und 1/125 s usw. bis Blende 22 und 1/15 s ergeben. Mit dem Finger, der anschließend sofort wieder auf dem Auslöser liegt, läßt sich so ganz individuell die Programmautomatik für kurze Belichtungszeiten bei bewegten Motiven oder umgekehrt für einen besonders großen Schärfentiefebereich einstellen, ohne die Automatik abschalten oder die Kamera vom Auge nehmen zu müssen. Der einmal eingestellte Wert ist – auch ohne Druckpunktnahme – für genau 6 Sekunden gespeichert.

Das Programm-Shifting sollte bei Zoom-Objektiven erst nach Einstellen der tatsächlich verwendeten Brennweite erfolgen, da sich sonst die Blendenangaben bei Brennweitenverstellung ebenfalls ändern. Erschrecken sollte niemand, wenn einmal als kleinste Blende 22 und das andere Mal, am gleichen Objektiv, sogar Blende 27 signalisiert wird! Dann ist ein Zoomobjektiv an der Kamera, das für seine kleinste Brennweite eine andere Anfangsöffnung hat als für seine längste. (Die Lichtstärke des Objektivs ist ja ein Verhältniswert, nämlich Brennweite dividiert durch den Durchmesser der Eintrittspupille). So steht dann auf dem Objektiv beispielsweise 3,5-4,5/ 28-70 mm, bei dem die größte Blende von 3,5 zur 28 mm Brennweite und 4,5 zu 70 mm gehört.

Das Shiften der Zeit-Blendenkombination und die zusätzliche Selektivmessung sind nur bei Hauptschalterstellung auf P nutzbar. Bei Vollautomatik, also Hauptschalterstellung auf dem grünen Rechteck, bestehen diese Eingiffsmöglichkeiten nicht.

Blendenautomatik

Mit dem zentralen Wählrad wird die Kamera bei Stellung auf Tv (Time value Priority) auf Blendenautomatik geschaltet. Dabei wählt der Fotograf die Verschlußzeit zwischen 30 und 1/2000 Sekunden in halben Stufen vor. Die Kamera wählt dann automatisch eine den Lichtverhältnissen und der eingestellten Zeit angepaßte Blende. Als Grundeinstellung schlägt die Kamera stets 125 (für 1/125 s) vor. Erscheint auf dem Monitor und im Sucher eine Blendenangabe als Dauerlichtanzeige, wurde die von der Mehr-

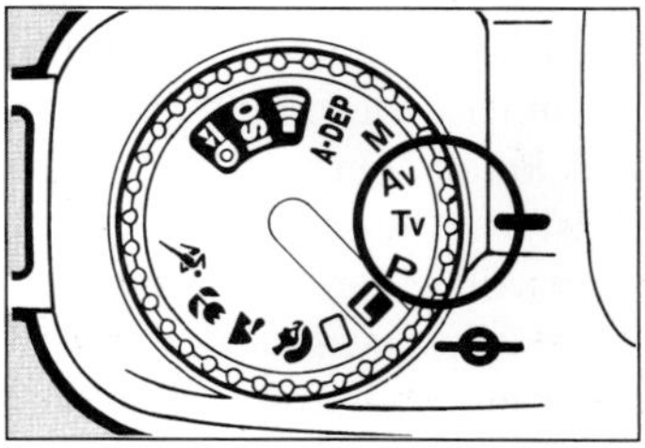

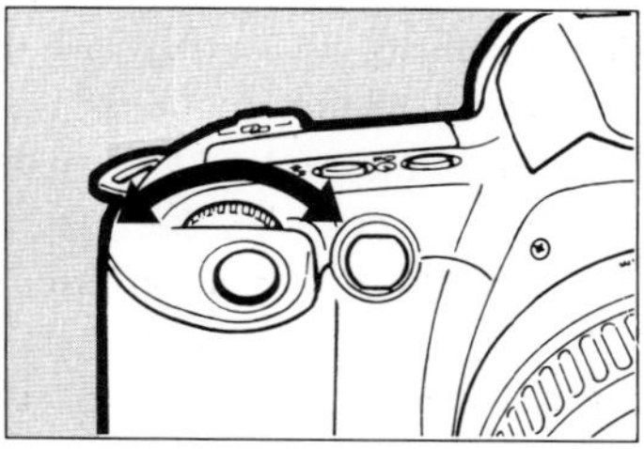

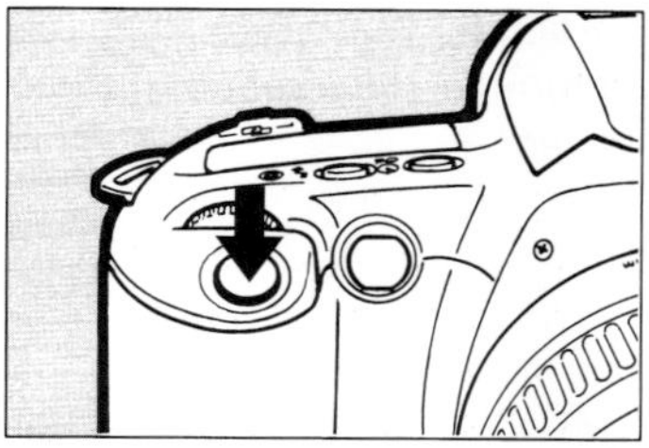

Bei Blendenautomatik wird mit dem Elektronik-Einstellrad die Verschlußzeit vorgewählt.

feldmessung ermittelte Blende eingestellt. Blinkt aber an einer der beiden Anzeigestellen der Wert der größten Blendenöffnung des verwendeten Objektivs, so bedeutet das: Vorsicht Unterbelichtung. Mit dem Elektronik-Einstellrad wird nun so lange die Belichtungszeit verlängert, bis das Blinken aufhört und die Blendenanzeige ständig leuchtet.

Blinkt andererseits die kleinste am Objektiv einstellbare Blende, droht Überbelichtung. Dann muß der Zeitenwert so lange durch Drehen verkürzt werden, bis der Blendenwert nicht mehr blinkt.

Bei dieser Automatik gibt es keine Warnung bei Gefahr von Verwacklungsunschärfe. Die Selektivmessung kann genutzt werden.

Die Blendenautomatik wird vor allem eingesetzt, wenn der Fotograf aus gestalterischen Gründen eine ganz bestimmte Verschlußzeit benötigt. Die Blende dient bei diesem Programm ausschließlich der Steuerung der Lichtmenge. Ihre gestalterische Wirkung wird zu Gunsten der benötigten Verschlußzeit vernachlässigt. Kurze Belichtungszeiten – bis 1/2000 s – werden beispielsweise vorgewählt, wenn man aus einem Fahrzeug fotografiert, wenn ein großer Abbildungsmaßstab verwendet wird, wenn Sportaufnahmen mit schnellen Bewegungen anstehen oder schnell bewegte Objekte das Motiv sind. Allgemein dienen kurze Verschlußzeiten dazu Bewegungen zu stoppen. Doch es geht auch umgekehrt: Lange Verschlußzeiten von etwa 1/30 s sind zum Beispiel für Mitzieheffekte, etwa bei einem Motorradrennen, in Kombination mit der Blendenautomatik kreativ einzusetzen.

Selbst bei Architekturaufnahmen ist der Einsatz des Tv-Programms mit der Vorwahl langer Zeiten von einer oder mehreren Sekunden sinnvoll. In diesem Fall wird alles, was sich während der Belichtung bewegt, also Fahrzeuge oder Menschen, verwischt wiedergegeben. Bei sehr langen Belichtungen sind die bewegten, durch das Bild ziehenden Objekte überhaupt nicht mehr zu sehen. Dies ist ein beliebter Trick, um zum Beispiel verkehrsreiche Plätze wie ausgestorben wirken zu lassen.

Zeitautomatik

Bei der Zeitautomatik wird mit dem Elektronik-Einstellrad die Blende vom Fotografen vorgewählt. Der Ausgangswert, den die Kamera vorschlägt, ist stets Blende 5,6. Die Belichtungssteuerung wählt dazu in Abhängigkeit von der vorhandenen Helligkeitsverteilung des Lichtes automatisch die notwendige Verschlußzeit.

Bisher war dieser Belichtungsmodus die richtige Automatik,

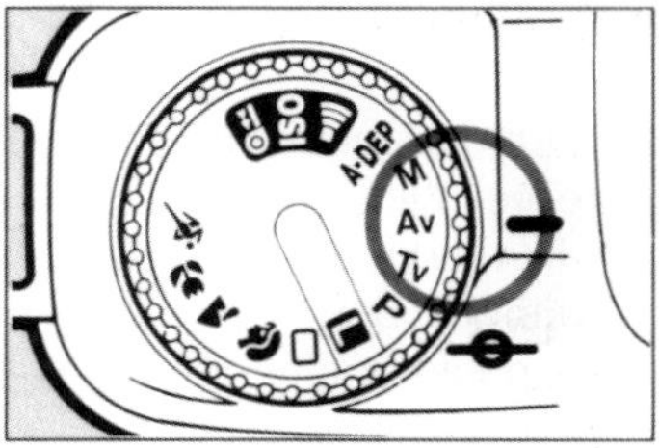

Bei Zeitautomatik wird mit dem Elektronik-Einstellrad die Blende vorgewählt.

wenn der räumliche Eindruck die Bildwirkung des Motivs bestimmen sollte, also immer dann, wenn die Schärfentiefe eine Rolle spielt. So kann einerseits nur eine geringe Ausdehnung des Schärfenraumes erwünscht sein, um etwa bei Porträtaufnahmen zwar das Gesicht optimal abbilden zu können, den Hintergrund aber in der Unschärfe verschwinden zu lassen. Andererseits kann es erforderlich sein, daß die Schärfe von vorn bis hinten reicht, um insbesondere wirkungsvolle Landschafts- oder Architekturfotos zu erzielen. Für die EOS 500 sind dies allerdings Motive, die sich besser, einfacher und obendrein noch wesentlich genauer mit der Schärfentiefeautomatik meistern lassen.

Auch bei der Zeitautomatik wird eine drohende Fehlbelichtung – die aber viel seltener als bei Zeitvorwahl vorkommt – durch Blinken der Blende angezeigt: Unterbelichtung erst, wenn eine Belichtungszeit von 30 s noch zu kurz, Überbelichtung, wenn 1/2000 s noch zu lang sind. In beiden Fällen ist die Blende durch Drehen am Einstellrad zu verändern.

Bei Zeitautomatik kann die Belichtung sowohl mit Mehrfeld- als auch mit Selektivmessung ermittelt werden.

Automatisches Schärfentiefeprogramm

Fotografische Objekte haben meist dreidimensionalen Charakter. Objektive projizieren jedoch nur eine einzige Ebene und zwar die Einstellebene auf den Film. Nur in dieser einen Bildebene wird alles scharf – eben punktförmig – abgebildet. Für davor und dahinterliegende Objekte kann keine punktförmige Abbildung mehr erfolgen; dort bilden sich mehr oder weniger große unscharfe Flächen, die sogenannten Zerstreuungskreise.

Da das menschliche Auge nicht so scharf sieht wie ein Objektiv, bemerkt man die Abweichungen von der punktförmigen Abbildung erst bei sehr genauer Betrachtung. Alles, was unter einer bestimmten Flächengröße bleibt, wird überhaupt nicht wahrgenommen. Dadurch entsteht vor und noch mehr hinter der Einstellebene ein Raum, der für das Auge im Bild noch scharf erscheint, obwohl er es physikalisch gar nicht mehr ist. Diese scheinbar räumliche Ausdehnung wird als die Schärfentiefe bezeichnet.

Jeder einzelne Zerstreuungskreis wird durch die Blende beeinflußt. Wird sie größer, wächst der Unschärfekreis und der Raum der Schärfentiefe verkleinert sich. Die Wirkung läßt sich auch umkehren: Wird die Blende verkleinert, geschieht das gleiche mit den Unschärfekreisen; sie erscheinen deshalb schärfer, und so vergrößert sich die Schärfentiefe vor und hinter der Einstellebene. Da dies bei einer Wiedergabe mit kleinem Abbildungsmaßstab eher auffällt als bei großem, wird irrtümlich angenommen, daß Weitwinkelobjektive, die ja mehr und somit alles kleiner abbilden, einen größeren Schärfebereich aufweisen als Teleobjektive. Doch die Vergrößerungen eines identischen Ausschnitts, mit Tele-

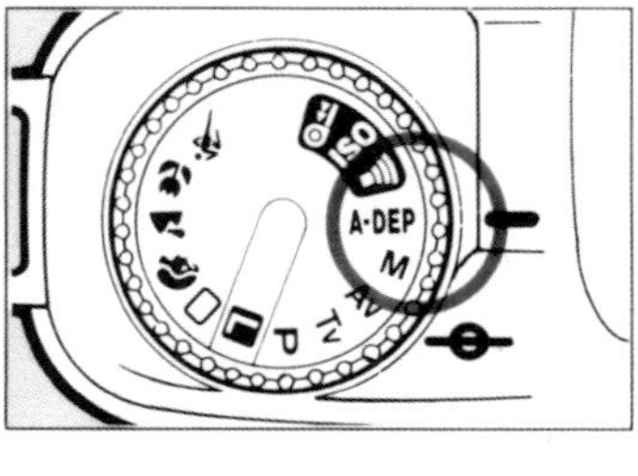

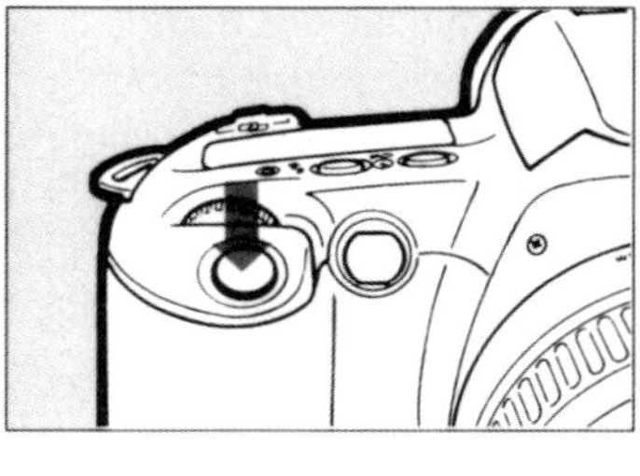

A-DEP ist die Einstellung für das Schärfentiefeprogramm.

und Weitwinkelobjektiv vom gleichen Standpunkt aus aufgenommen, zeigen einen identischen Schärfebereich. Ob dagegen dieser Übergang von scharf nach unscharf sauber und locker fließend bleibt oder voller Farbsäume steckt, hängt von der Güte und Qualität des Objektivs ab. Meist stimmt dieser scharfe Punkt nur jeweils für eine Farbe des sichtbaren Spektrums. Gerade an diesen Unschärfen sollte man seine Canon-Objektive messen, die selbst als Zoomobjektive verblüffend hohe Abbildungsleistungen zeigen.

Die Schärfentiefe läßt sich auch rechnerisch ermitteln und ist in den Schärfetiefentabellen festgehalten, die es für jede Brennweite gibt.

Damit man in Schnappschußsituationen nicht lange Tabellen studieren muß, gibt es bei der EOS 500 die Einstellung »A-DEP«. Dieses Programm erlaubt dem Fotografen ein einfaches Bestimmen des Raumes, der im Foto scharf wiedergegeben werden soll.

Es sollten dazu die beiden äußeren AF-Meßfelder auf dem Beginn und Ende des Raumes liegen, der scharf wiedergegeben werden soll. Dann errechnet die Kamera automatisch die dafür erforderliche Blende aus.

Reicht die Blende jedoch einmal nicht aus, um eine scharfe Abbildung des gewünschten Bereichs zu garantieren, wird die kleinste Blendenzahl des verwendeten Objektivs blinkend angezeigt. Wird trotzdem der Auslöser durchgedrückt, erfolgt eine nach Angaben der Mehrfeldmessung korrekte Belichtung – mit der kleinstmöglichen Blende.

Wenn jedoch genügend Zeit für ein erneutes Scharfeinstellen vorhanden ist, sollte man den geforderten Schärfebereich oder den Abbildungsmaßstab verkleinern. Dazu kann man weiter zurückgehen oder vom gleichen Standpunkt aus eine kürzere Brennweite verwenden und dann noch einmal beginnen.

Blinkt die schon erwähnte kleinste Blende, gibt es zumindest ein richtig belichtetes Bild; blinken beide Angaben im Sucher, signalisiert die eine Fehlbelichtung. Bei zuwenig Licht läßt sich zwar das Blitzlicht zuschalten, doch dann arbeitet die Kamera mit ganz normaler P-Automatik.

Bei Verwendung von Zoomobjektiven darf die Brennweite nach Einstellung des Nahpunktes nicht mehr verstellt werden, sonst muß der ganze Einstellvorgang abgebrochen und wiederholt werden.

Manuelle Belichtungssteuerung

In dieser stets mittenbetont messenden Betriebsart werden sowohl die Blende als auch die Verschlußzeit von Hand eingestellt. Die Kamera hat bei Umschaltung auf »manuell« eine Grundeinstellung von Blende 5,6. Der manuelle Belichtungsabgleich zur Ermittlung der benötigten Zeit-Blendenkombination erfolgt mittels Elektronik-Einstellrad und der Av-Einstelltaste.

Wenn man stets die gleiche Reihenfolge beibehält, kann man zügig und erstaunlich schnell die manuelle Messung vornehmen. Dazu wird das Elektronik-Einstellrad gedreht, bis die gewünschte Verschlußzeit erscheint. Im Sucher sind dann Zeit und Blende abzulesen. Das Meßsystem zeigt im Sucher und außen auf dem Monitor die Abweichung von dem Kameravorschlag in EV-Werten und zwar in Drittelstufen an.

Da die Zeit in jedem Fall manuell zu bestimmen ist und manuell normalerweise nur von dem genutzt wird, der weiß, auf was er sich einläßt, gibt es keine Warnung vor Verwacklungsunschärfe.

Der manuelle Meßvorgang erfolgt als mittenbetonte Integralmessung. Denn gerade bei Serien und Motiven, die beispielsweise später in einer Überblendschau vorgeführt werden, will man Helligkeitsschwankungen eines Sujets bei identischer Beleuchtung vermeiden. Deshalb wird man solch eine Serie manuell ausmessen und belichten. Wenn dann noch das Objekt mit verschiedenen Brennweiten abgebildet werden soll, ist die Selektivmessung eigentlich unerläßlich. Erfahrene Fotografen werden diese sogar mit dem Tele vornehmen, um wirklich punktgenau zu messen. Genau ist die Selektivmessung aber nur, wenn die richtigen Stellen angemessen werden. Ansonsten ist die Gefahr von Fehlbelichtungen wesentlich größer als bei der Mehrfeldmessung. In heiklen Fällen bildet eine Graukarte die optimale Meßfläche. Auf ihren Reflexionsgrad sind nämlich alle Belichtungsmesser, also auch der der Canon EOS 500, zumindest bei der Selektivmessung geeicht.

Bei Sportübertragungen im Fernsehen ist immer wieder deutlich zu beobachten, wie sich beim Umschalten von der Weitwinkeleinstellung auf das Supertele die Helligkeit des Bildes verändert. Es wird heller, wenn Details im Schatten liegen, oder dunkler bei voller Beleuchtung. Das gleiche kann beim Fotografieren geschehen, denn normalerweise hat man im Weitwinkelbe-

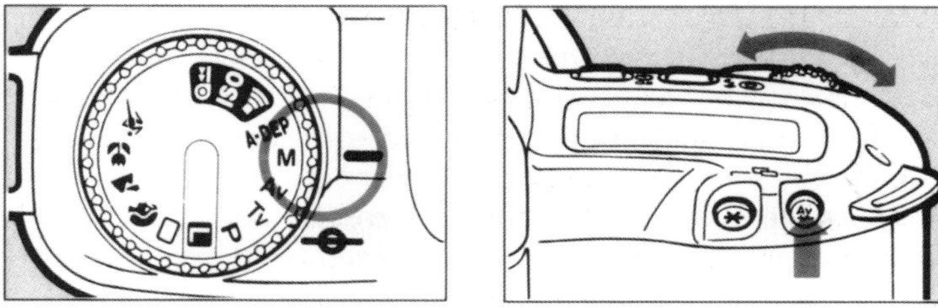

Manuelle Belichtungssteuerung.

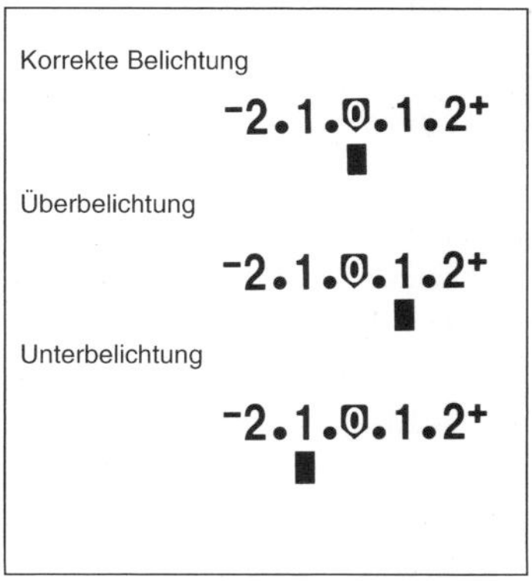

Beim manuellen Belichtungsabgleich muß das kleine Rechteck für eine korrekte Belichtung unter der »O« stehen.

Steht es rechts davon, erfolgt eine Überbelichtung.

Steht es links von der »O«, erfolgt eine Unterbelichtung.

Zur Anpassung müssen Blende oder Verschlußzeit verändert werden.

reich größere Helligkeitsunterschiede als bei Detailaufnahmen mit dem Teleobjektiv zu bewältigen. Diese Tatsache läßt sich jederzeit einfach durch das Verändern der Brennweite bei einem Zoomobjektiv beobachten. (Diese Gefahr ist bei der Mehrfeldmessung nur noch in Grenzbereichen gegeben). Bei einer Selektivmessung wird man Unterschiede in der Messung bei kürzester und bei längster Brennweite feststellen – auch wenn in beiden Fällen richtig belichtet wird. Solche Schwankungen können durch ein einmaliges Messen und anschließend manuelle Einstellung vermieden werden. Die Selektivmessung eignet sich für alle kritischen Lichtsituationen, die auch eine Mehrfeldmessung überfordern, sobald es nicht nur um technisch einwandfreie, sondern auch um gestalterische Lösungen im lichttechnischen Grenzbereich geht. Denn welches Detail optimal belichtet sein soll, das weiß nur der Fotograf und das kann auch die raffinierteste Belichtungsautomatik nicht wissen. Das gilt vor allem bei Beleuchtungssituationen, die übergroße Helligkeitsunterschiede zwischen Hauptmotiv und Hintergrund aufweisen, wie etwa bei Bühnenaufnahmen oder bei Gegenlichtmotiven, die wie schon einmal erwähnt, nicht einfach »richtig«, sondern der Bildidee angepaßt belichtet werden sollten. Dann muß der Fotograf selbst entscheiden, wo die optimale Belichtung liegen soll. So läßt sich – wie schon beschrieben – ohne weiteres ein Mädchenporträt bei Sonnenuntergang oder eine Mühle im Gegenlicht (mit direktem Lichteinfall) in mindestens sechs unterschiedlichen Belichtungen realisieren. Dabei sind alle Ergebnisse brauchbar. Sie unterscheiden sich aber grundlegend in ihrer Stimmung.

Langzeitbelichtung

Der automatisch und manuell gesteuerte Verschlußzeitenbereich der Canon EOS 500 ist recht groß. Er reicht von 1/2000 Sekunde bis zu 30 Sekunden. Bei manueller Belichtungssteuerung kann er sogar noch erweitert werden. Dazu wird in der »M«-Funktion die Canon EOS mit dem Elektronik-Einstellrad auf »bulb« gestellt. Es ist die nächste Anzeige nach »30« auf dem Daten-Monitor. Der Versschluß bleibt so lange geöffnet, wie der Auslöser gedrückt wird. Für solche Aufnahmen ist unbedingt ein Stativ und eventu-

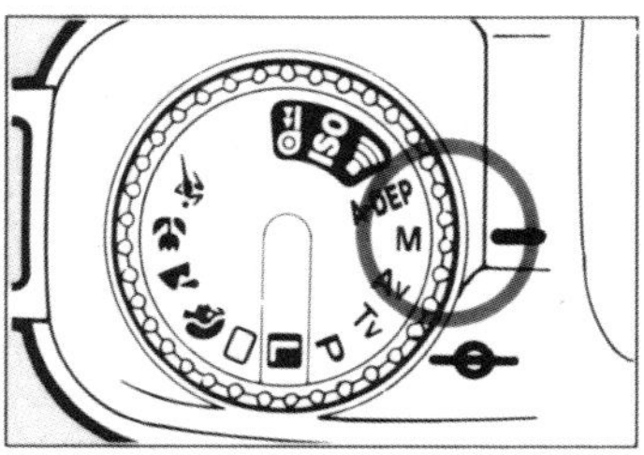

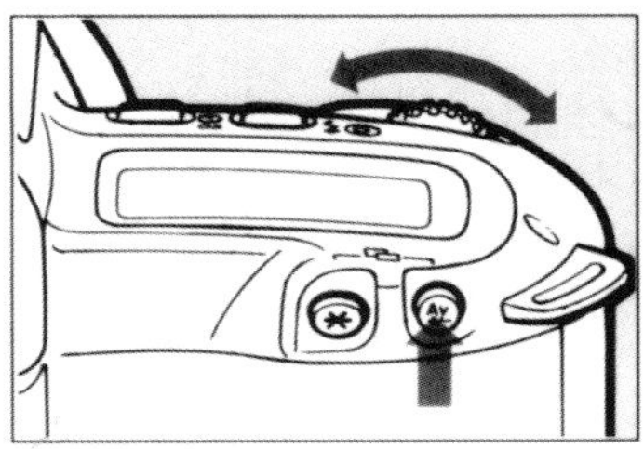

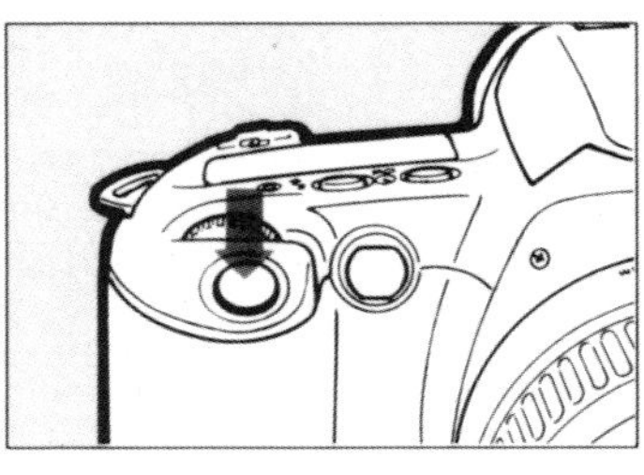

Die Verstellung der Blende erfolgt bei manueller Belichtungseinstellung mit dem Elektronik-Einstellrad mit gedrückter AV-Taste.

ell auch der Kabelfernauslöser RS-60E3, der als Sonderzubehör erhältlich ist, zu verwenden. Die Kontrolltaste der Fernbedienung wird bei Kameraeinstellung auf »bulb« zweimal gedrückt, einmal zum Start und einmal zum Ende des Belichtungsvorgangs.

Es ist sicher logisch, daß in dieser den Meßbereich überschreitenden, manuellen Einstellung die Fehlbelichtungswarnung der Canon EOS 500 entfällt.

Mehrfachbelichtung

Nach gleichzeitigem Drücken der Spot- und AV-Tasten erscheint auf dem Monitor »ME« für Englisch »Multiple Exposure«, zu Deutsch Mehrfachbelichtung. Jetzt kann mit dem Elektronik-Einstellrad die Anzahl der Belichtungen, die auf dasselbe Filmstück erfolgen sollen, vorgewählt werden. Zwei bis neun Belichtungen sind möglich. Dazu sind einige Experimente auf jeden Fall sinnvoll.

In einfachster Form werden auf ein Filmstück nicht nur ein Motiv, sondern zwei belichtet. Findet dies vor einem dunklen oder sogar schwarzen Hintergrund statt, können beliebig viele einzelne Motivdetails nebeneinander auf einem Stück Film untergebracht werden, ohne daß irgend etwas – außer der beabsichtigten Anzahl der Einzelbelichtungen – an der Kamera verstellt wer-

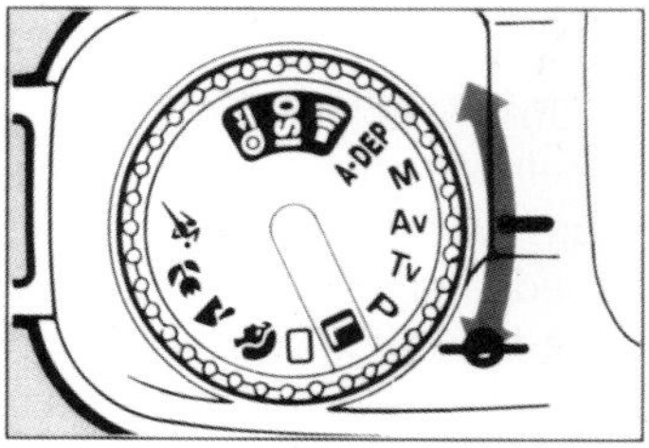

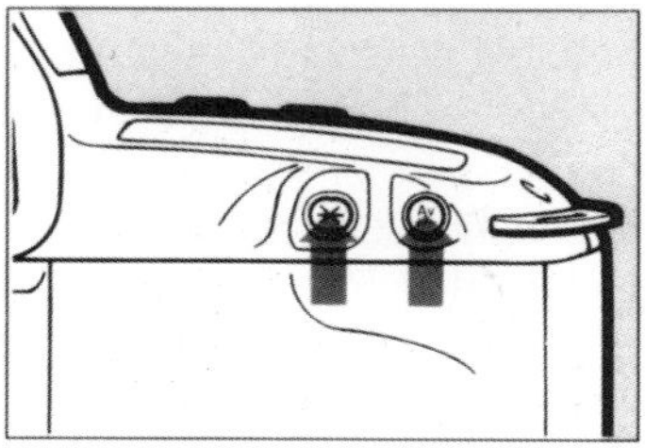

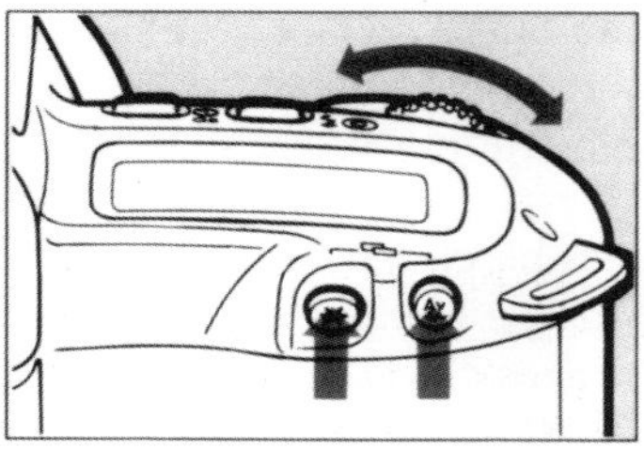

In den Kreativprogrammen kann auch die Mehrfachbelichtungsfunktion genutzt werden. Dazu werden die Spot- und AV-Taste gedrückt und die Zahl der gewünschten Belichtungen mit dem Elektronik-Einstellrad eingegeben.

den muß. Jedes Motivdetail wird ganz normal belichtet. Normal bedeutet in diesem Fall »detailbezogen«, also am einfachsten durch Selektivmessung, so daß der Hintergrund das Meßergebnis nicht beeinflussen kann.

Erst wenn Bildelemente sich überschneiden, muß das bei der Belichtungseinstellung berücksichtigt werden. Der Film verkraftet ja nur einmal eine durch seine Filmempfindlichkeit klar definierte Lichtmenge, um ein präzises Abbild eines Motivs zu speichern. Da dies auf nur eine Belichtung ausgerichtet ist, werden bei einer Doppelbelichtung die sich überlagendernden Details doppelt so hell belichtet. Deshalb muß dann jede einzelne Belichtung verkürzt werden und zwar so weit, daß die (Licht-) Summe aller Aufnahmen an den überlappenden Stellen dem Wert für eine ideale Gesamtbelichtung entspricht.

Um das Rechnen zu vereinfachen, werden die Korrekturwerte in Form von Lichtwerten eingegeben. Ein Lichtwert weniger bedeutet, daß die Belichtung um einen Blendenwert weiter zu schließen oder die Zeit um einen Wert zu verkürzen ist.

Die wichtigste Frage bei Mehrfachbelichtungen ist also nicht »Wie oft wird belichtet?«, sondern muß heißen: »Wie oft überlappen sich die einzelnen Bildteile?«. Die in vielen Lehrbüchern und auch in der Gebrauchsanweisung zur Canon EOS 500 gedruckte Korrekturangabe, die bei zwei Belichtungen eine Reduzierung um den Lichtwert -1 empfiehlt, bezieht sich also nur auf Situationen, bei denen sich die erste und die zweite Aufnahme ganz oder teilweise überlagern. Dann ist eine Unterbelichtung jeder Aufnahme um einen Blenden- oder Zeitwert richtig. Bei einer Dreifachbelichtung ist die Belichtung logischerweise um den Lichtwert -1,5 zu korrigieren, also für jede Belichtung nur 1/3 der normalen. Bei einer Vierfachbelichtung um den Faktor -2. Doch wenn sich hierbei die Motive nur zweimal überlappen, muß auch nur wie für eine Doppelbelichtung korrigiert werden.

Dieser Korrekturfaktor wird bei der EOS 500 einfach eingegeben. Dazu wird die AV-Taste rechts auf der Kamerarückseite eingedrückt und mit dem Elektronik-Einstellrad der Korrekturfaktor eingegeben.

Die Einstellung ME wird wie bereits beschrieben durch gleichzeitiges Drücken der Spot- und AV-Taste erreicht. Die Anzahl der Mehrfachbelichtungen wird mit dem Einstellrad eingegeben. Der Korrekturfaktor selbst wird auch im Sucher angezeigt.

Programm	*Blitz autom. dazu*	*Blitz manuell dazu*	*+/- Kompensation*	*ME 9 x*	*AE-lock*
P		x	x	x	x
Tv		x	x	x	x
Av		x	x	x	x
A-Depth		x	x	x	x
Vollauto	x				
Portrait	x				
Landsch.					
Nah	x				
Sport					
M		x	x	x	

Funktionskombinationen

Die Anzahl noch zu belichtender Aufnahmen wird auf dem Display angezeigt, wo sonst die laufende Bildnummer steht. Gleichzeitig ist die »ME«-Anzeige sichtbar. Nach Auslösen der Anzahl der programmierten Belichtungen schaltet sich »ME« automatisch aus, die normale Bildnummer erscheint wieder und die +/- Korrektur muß vom Fotografen manuell auf den Wert Null zurückgestellt werden.

Der Vorgang kann jederzeit unterbrochen werden, indem die Anzahl der noch zu erfolgenden Mehrfachbelichtungen einfach auf 1 zurückgedreht wird. Doch sollte beim Abbrechen einer angefangenen Mehrfachbelichtung die erste Aufnahme auf manuell und mit zugehaltenem Objektiv erfolgen, damit der Film auf das nächste Bild transportieren kann.

Bei Mehrfachbelichtungen auf Negativfilm sollte dem Film bei der Abgabe im Labor eine Information beigelegt werden, da das Labor sonst eventuell das Bild nicht vergrößert, weil es einen Fehler vermutet.

Bildgestaltung

Die EOS 500 kann zwar perfekte Belichtungen liefern, doch das Aussuchen des Motivs und Bestimmen des Bildausschnitts ist immer noch Aufgabe des Fotografen. Dies ist die erste kreative Chance, die vielleicht wichtigste und schönste Aufgabe, wenn man Fotografie als Hobby betreibt und das Bildermachen nicht nur als Mittel für visualisierte Erinnerungen ansieht.

Doch zuerst muß man einmal lernen zu sehen, hinzusehen, um aus der wahrgenommenen Umwelt einen bildinteressanten Teil heraussuchen zu können. So wie unser Auge zwar bildhaft gesehene Objekte unter einem Blickwinkel von 46° am wirkungsvollsten erkennt, sieht es doch nur in einem wesentlich geringeren Winkel wirklich scharf. Da die Schärfe sich zusätzlich auf den Bereich größten Interesses konzentriert, kann man von einer »selektiven« Wahrnehmung ausgehen. Genau das ist auch das A und O der Fotografie. Der Bildausschnitt soll nur das zeigen, was für die Stimmung oder die Bildaussage wichtig ist. Das erreicht man am einfachsten, indem man alles Überflüssige wegläßt – zum Beipiel dadurch, daß man nah genug ans Motiv herangeht oder eine Brennweite einsetzt, die nur das Motiv formatfüllend zeigt. Aus diesem Grunde sollte man auch stets sein Zoomobjektiv auf größte Brennweite einstellen, damit, wenn die Kamera ans Auge genommen wird, auch sofort die größtmögliche Abbildung sichtbar ist. Der vom Objektiv erfaßte Bildinhalt hängt also zuerst vom eingestellten – hoffentlich formatfüllenden – Bildausschnitt ab.

Dabei »sieht« ein Objektiv mit 50 Millimeter Brennweite – oder ein Zoom bei Einstellung auf 50 mm – etwa mit gleichem Blickwinkel wie das menschliche Auge. Aus diesem Grund werden Aufnahmen mit dieser Brennweite stets als »normal« empfunden. Ist die Brennweite kürzer, also etwa von 40 – 28 mm, kommt mit jedem Millimeter weniger mehr Motiv aufs Bild. Der Blickwinkel des Objektivs verkürzt sich und zwar proportional zu

⇦ **Ohne Perspektive-Korrektur sind gerade Linien von einem tiefer gelegenen Aufnahmestandpunkt bei solchen Motiven kaum zu erreichen. Aufnahmen aus größerer Entfernung mit einem leichten Tele mindern den Effekt.**

– A –

Seite 61 oben:
Weder das weiße Schiff noch die Gischt störten die Mehrfeldmessung der EOS 500 bei dieser Aufnahme, die mit Vollautomatik entstand.

Seite 61 unten:
Ein Telezoom ist für Aufnahmen vom Schiff aus empfehlenswert. So kann der Bildausschnitt bei verändertem Motivabstand stets nachgeführt werden.

– B –

Seite 62 oben:
Die Aufnahme mit dem Weitwinkelzoom zeigt deutlich die Perspektivewirkung bei Zug und Gleisen.

Seite 62 unten:
Licht und Schatten in Motiven wie diesem gleicht die Mehrfeldmessung der Canon EOS 500 automatisch aus. Belichtungskorrekturen erübrigen sich.

– C –

Seite 63 oben:
Der Blick von oben läßt die Linien nach unten zusammenlaufen und erzeugen den Eindruck, als ob die Wolkenkratzer nach oben auseinanderstreben würden.

Seite 63 unten:
Auch Nachtaufnahmen mit langen Belichtungszeiten erfordern bei der EOS 500 keine Korrekturen der Belichtungsautomatik.

– D –

Seite 64 oben und unten:
Der eingebaute Blitz der Canon EOS 500 schaltet sich automatisch dazu, wenn er benötigt wird. Die Kamera entscheidet, ob er als Hauptlicht oder nur zur Aufhellung dienen soll.

– A –

– B –

– C –

– D –

– E –

– F –

– G –

– H –

– E –

Seite 65 oben und unten:
Für Aufnahmen unterwegs sind Zoomobjektive mit großen Brennweitenbereichen, wie das Canon EF 2,8/28-70 mm optimal geeignet. Sie erlauben den schnellen Wechsel von der Detailaufnahme zur Übersicht.

– F –

Seite 66 oben und unten:
Formen und Farben des Herbstes – Beim Bild oben wurde die Blende so weit wie möglich geschlossen, um den Hintergrund unscharf verschwimmen zu lassen. Bei der Aufnahme unten sollte durch eine kleine Blende möglichst viel Schärfentiefe erreicht werden.

– G –

Seite 67 oben und unten:
Der schnelle Wechsel von der Übersichtsaufnahme zu einem begrenzten Bildausschnitt wird durch Weitwinkelzooms möglich. Für Reportage-Bilder ist der Brennweitenbereich von 20-35 mm optimal geeignet.

– H –

Seite 68 oben und unten:
Das gleiche Motiv vom gleichen Standpunkt mit unterschiedlicher Brennweite aufgenommen – ein Telezoom machte es möglich.

Teleobjektive raffen die Perspektive und lassen die Gebäude näher aneinander rücken.

der kürzer werdenden Brennweite. Ein noch größerer Blickwinkel durch weiteres Verkürzen der Brennweite führt in den Superweitwinkelbereich, der bei EOS-Objektiven von 28 bis 20 mm reicht. Bei korrekter Kamerahaltung gibt es auch keinerlei perspektivische Probleme, nur daß man das Gefühl hat, die Verjüngung zum Horizont verstärkt sich teilweise dramatisch.

Den umkehrten Weg geht man, wenn man seine Objektivbrennweite in die andere Richtung, wieder ausgehend von 50 Millimetern, bewegt. Der Blickwinkel wird kleiner, das Motiv ist in einem kleineren Bildausschnitt deutlich größer abgebildet. So werden Bilder, aufgenommen im Brennweitenbereich von 50 bis 100 mm, noch als sehr normal empfunden, da sie dem Betrachter nur einen konzentrierten Ausschnitt offerieren. Von 100 bis etwa 200 mm geht der normale Telebereich, der langsam schon »Fernglaswirkung« zeigt. Objektive mit Brennweiten über 300 Millimeter gelten im allgemeinen als Super-Teleobjektive.

Grundsätzlich sollte durch die Ausschnittwahl das Hauptmotiv deutlich hervorgehoben und einige ästethische Grundregeln beachtet werden. Die einfachste Möglichkeit ist – wie bereits mehrfach betont – die formatfüllende Aufnahme. Das gilt für nahezu jedes Sujet.

Bei dieser Superweitwinkelaufnahme unterstreichen die stürzenden Linien die Dynamik der Architektur.

Geht das nicht, weil einfach mehr »Motiv« aufs Bild soll, dann kann Licht dem Foto die Qualität geben.

Das Hervorheben des Hauptmotivs durch die Beleuchtung ist dabei die einfachste Methode. Der einzelne Scheinwerfer der spotartig auf eine Person gerichtet ist, zwingt die Blicke aller Betrachter auf diesen Punkt. Die gleiche Wirkung wie solch ein einzelner Scheinwerfer kann auch der Fotograf nutzen, denn die Natur bietet ähnliche Effekte: ein Lichtstrahl, der durch eine Wolke fällt, der in einer Gasse oder im Wald spotartig aufleuchtet. Hell-Dunkel-Kontraste, die etwas großflächiger sind, wie der Blick durch ein Fenster oder eine Tordurchfahrt bringen vergleichbare Resultate.

Auch Farben beeinflussen den Bildaufbau. Ein Farbkontrast schafft sichtbare Unterschiede, denn eine rotgekleidete Person wird in einer grünen Wiese bestimmt sofort auffallen. Unser Auge empfindet bestimmte Farben, wie etwa Gelbtöne, besonders leuchtend, während dunklere Farbtöne wie Dunkelblau oder Violett wesentlich weniger auffallen. Pauschal läßt sich feststellen, daß alle warmen Farben im Bild nach vorne drängen und kalte sich in den Hintergrund zurückziehen. Das gilt besonders stark für Blau. Diese Tatsache wird gerade bei kleinen Motiven und gebauten Stilleben zu wenig berücksichtigt. Auch Helles fällt stärker auf als Dunkles, helle Flecken im Hintergrund sieht deshalb später jeder Betrachter. Genauso wird eine scharfe Abbildung eher zur Kenntnis genommen als eine unscharfe. Aus diesem Grund ist auch das fotografische Spiel mit der selektiven Schärfe besonders eindrucksvoll. Ein scharfes Vordergrunddetail vor einem unscharf verlaufenden Hintergrund wirkt immer ansprechend. Ein Porträt vor verlaufendem Hintergrund läßt den Blick auf dem Modell ruhen. Selektive Schärfe ist somit eines der großen Geheimnisse guter Fotografie.

Die grafische Form

Ein Bildaufbau, der für einen Betrachter lesbar und verständlich ist, weckt Interesse am Bild. Das läßt sich leichter durch einen grafischen Bildaufbau erreichen. Wenn man sich einmal in einem Großlabor die vielen tausend Bilder eines Tages anschauen kann, hat man bei vielen Bildern einen eigentümlichen Eindruck: Sie wirken so, als hätte der Fotograf gerade das Motiv entdeckt und genau aus der Situation heraus und mit der sich daraus ergebenden Motiventfernung fotografiert. Aber es ist nicht das bestmögliche Bild von diesem Motiv. Das Interessante ist damit in einer fotografisch unwirksamen Form vorgestellt worden, weil der Fotograf mehrere Dinge nicht berücksichtigt hat. Erstens den Unterschied in der Sehweise von Kamera und Auge. Unser Auge registriert selektiv. Wenn es sich für ein Motiv interessiert, ausgelöst durch ein optisches Reizsignal, durch Form oder Farbe, nimmt es nur noch das eine wahr. Das Umfeld, all das, was rechts und links vom Gegenstand des Interesses, was davor und dahinter liegt, wird nicht freiwillig zur Kenntnis genommen. So kommen die Bäume ins Bild, die aus dem Kopf herauswachsen und so erklären sich auch viele, viel zu kleine Abbildungen, obwohl neben dem Hauptmotiv nichts, aber auch gar nichts von Interesse ist. Die Kamera registriert nur. Und zwar all das, was ihr angeboten wird. Sie versucht, ohne Fehl und Tadel das in ihrem Blickwinkel Liegende zu erfassen. Das Sehverhalten des Fotografen wird durch das helle Sucherbild in seinem selektiven Sehen noch unterstützt, weil die Einstellscheibe nur die scharf eingestellte Motivebene zeigt. Die tatsächliche Umfeldwirkung wird dabei normalerweise nicht gezeigt. Die Einstellscheibe zeigt nur das Bild,

Oben:
Sich wiederholende Muster unterstreichen die grafische Wirkung dieses Bildes.

Rechts:
Auch diese Aufnahme eines an sich unattraktiven Motivs lebt von der rhythmischen Aufteilung von Formen und Linien im Bild.

wie es bei größter Blende aussehen würde und nicht so, wie es beispielsweise in der Hell-Dunkel-Verteilung tatsächlich wird. So fallen Fehler in der Bildgestaltung erst dann auf, wenn es zu spät ist und das Ergebnis bereits vorliegt. Doch die Unterschiede von Sehgewohnheit und der fotografischen Wiedergabe sind noch größer. Wenn ein Betrachter ein Motiv mit einer klaren, geometrischen Form entdeckt und gerade schräg davor steht, beispielsweise vor einer Tür oder vor einem Schaufenster, so weiß er, daß die Tür und das Fenster aus Senkrechten und Waagerechten besteht, und dort, wo sie sich treffen, einen Winkel von 90 Grad bilden. In neun von zehn Fällen wird man auf dem fertigen Bild von der Tür nicht einen nachmeßbaren Winkel von 90 Grad wiederfinden. Entweder laufen dann die Senkrechten oder die Waagerechten nicht parallel zur Bildkante. Das grafische und geometrische Erscheinungsbild der »Tür« ist damit nicht optimal ins Bild übertragen worden. Den Fotografen hat ein visuelles Signal »Halt – Tür – fotogen« erreicht. Es wurde dechiffriert und ist augenblicklich befolgt worden. Aber auch die Enttäuschung ist damit vorprogrammiert. Die Kamera kann nichts dafür. Sie registriert nur optische Eindrücke. Es ist deshalb falsch, zu versuchen so zu fotografieren, wie das menschliche Auge das Motiv sieht. Der umgekehrte Weg ist garantiert erfolgreicher: Das Motiv so betrachten, wie es das Objektiv sieht. Das hat einige große Vorteile, wenn man das kann und die Konsequenzen daraus zieht: Die Auswahl an gelungenen, vorzeigbaren Bildern steigt. Die Bilder müssen ganz einfach einfacher werden. Wenn alles Überflüssige fehlt, wird das Motiv größer und detailreicher, deutlicher und informativer, übersichtlicher und lesbarer und damit um ein Vielfaches besser. Was im Bild größer erscheint, einen stärkeren Abbildungsmaßstab aufweist, zeigt mehr Details. Wo mehr Details in Form oder Farbe auftreten, wird die Bildaussage deutlicher gemacht und mehr Informationen können dem Foto entnommen werden. Weniger Motiv bedeutet auch, daß der Bildaufbau für jeden Betrachter verständlicher ist. Der erste Schritt, der zu solchen Bildern führt, ist, nicht sofort zu fotografieren, wenn ein Motiv als fotogen erkannt wird. Manchmal sollte man sich wirklich die Frage stellen: »Warum bloß in aller Welt will ich gerade das fotografieren?«. Wenn einem dann als Antwort nichts Sichtbares auffällt, jedoch Sinnesreize registriert werden, etwa nach dem Motto »Es ist so schön«, »Es ist herrliches Wetter heute«, dann sollte man lieber das Bild vergessen. Es lohnt sich nicht. Wenn aber auf diese Frage, die wirklich ernst gemeint ist, eine Antwort kommt, die nur sichtbare Gründe aufzählt, dann sind das auch schon alles Bildelemente, die ein gutes Bild ergeben können. Diese Details heißt es nun, gut ins Bild zu setzen. Ist das Motiv zum Beispiel eine Tür, so bietet sich ein Hochformat an, bei dem der Türrahmen parallel zur Bildkante verläuft. Der Kamerastandpunkt ist in diesem Fall meist genau vor dem Motiv, so daß Motivebene und Filmebene parallel laufen. Einfacher geht es wirklich nicht.

Auf den Standpunkt kommt es an

Wechselobjektive machen aus einer EOS 500 ein vielseitiges Aufnahmewerkzeug, mit dem sich die Ideen des Fotografen in Bilder umsetzen lassen. Doch ohne Fotograf geht es zum Glück immer noch nicht. Er muß erst das Motiv und den Standpunkt finden und den Ausschnitt wählen, den er fotografisch erfassen will. Bei der EOS 500 kann er außerdem entscheiden, ob er die Technik selbst bestimmen (Kreativ-Programme) oder ob er mit den automatischen Motiv-Programmen fotografieren will.

Es gibt viele bekannte Fotografen, die niemals gelernt haben, die Technik der Kamera voll zu nutzen. Sie brauchten es auch nicht, denn die kreative Leistung liegt im Auswählen des Motivs, im Standpunkt einnehmen, Ausschnitt festlegen und im Bestimmen des Aufnahmezeitpunktes.

Dabei sind Wechselobjektive das wichtigste Hilfsmittel. Sie ermöglichen es, von einem gewählten oder vorgegebenen Standpunkt aus den gewünschten Bildausschnitt zu erzielen und in einem bestimmten »Abbildungsverhältnis« auf den Film zu projizieren. Wird also zum Beispiel durch Zoomen oder Objektivwechsel eine Änderung der Brennweite ohne Veränderung des Aufnahmeorts vorgenommen, ändert sich das Abbildungsverhältnis in Relation zur neuen Brennweite. Ist die neue Brennweite kürzer, so wird das Sujet kleiner abgebildet und das Aufnahmefeld größer. Es kommt mehr aufs Bild und das genau im Verhältnis der Brennweiten zueinander. Bei 35 mm Brennweite wird deshalb alles halb so groß wie bei der 70-mm-Einstellung abgebildet, bei 140 mm wird die Abbildungsgröße verdoppelt. Das Verhältnis von 35 mm zu 140 mm ist dann 1:4. Ein im ersten Bild zwei Mil-

Die leere Treppe wirkt durch die kleinen Personen im Hintergrund noch wuchtiger.

limeter hoher Gegenstand wird bei 140 mm viermal höher, also acht Millimeter aufweisen. Wird kein Standortwechsel vorgenommen, ergibt sich bei ansteigendem Wert der Brennweite ein immer größerer Abbildungsmaßstab und dabei wird ein immer kleineres Feld aus dem urprünglichen Motiv herausgenommen. Mehr nicht! Es gibt hier keine Tele-, keine Weitwinkelperspektive, sondern stets nur eine Änderung des Abbildungsmaßstabes. Auch das ist wichtig, wenn man stets formatfüllend fotografieren will. Das Wissen um diese Größenänderungen kann aber auch helfen, Fehlinvestitionen bei der Planung einer Objektivausrüstung zu vermeiden, und läßt Fotografen mit wenig Erfahrung im Bereich Wechselobjektive den Wirkungsgrad eines Zoomobjektivs besser beurteilen. Bei einem Zoomobjektiv 35 bis 70 mm verdoppelt sich der Abbildungsmaßstab, bei 35 bis 135 mm beträgt der Faktor der Größenveränderung fast 4, genau wie bei einem 50-200-mm-Objektiv.

Die Weitwinkelaufnahme betont die Tiefe des Motivs.

Schärfentiefe und Zerstreuungskreis

Das Verändern des Abbildungsmaßstabs ohne Distanzwechsel hat zwar keinen Einfluß auf die Perspektive, doch auf die Schärfentiefe. Das ist der Motivraum vor und hinter der Einstellebene, der in der Abbildung noch als scharf empfunden wird. Die optimale Schärfe liegt genau auf einer Ebene senkrecht zur optischen Achse, auf der auch der Punkt liegt, auf den – manuell oder automatisch – scharf gestellt wurde. Nur diese Objektebene hinterläßt auf dem Film scharfe Bildpunkte. Alles was davor oder dahinter, auf anderen Ebenen liegt, wird nicht mehr punktförmig, sondern scheibchenweise abgebildet. Je weiter entfernt solche Punkte von der Einstellebene sind, um so größer werden sie in ihrer Unschärfe als Zerstreuungskreise abgebildet. Die Größe dieser Zerstreuungskreise läßt sich durch Abblenden beeinflussen. Abblenden

Diese Aufnahme zeigt deutlich die sich perspektivisch nach hinten verjüngenden Linien. Die Personen im Vordergrund erfüllen den sonst leeren Platz mit Leben.

vergrößert die Schärfentiefe. Motivdetails, die vorher als unscharfer Zerstreuungskreis abgebildet wurden, lassen sich fast auf Punktgröße reduzieren und erscheinen plötzlich scharf.

Die Schwierigkeiten des menschlichen Auges, zwei Gegenstände, die einen gewissen Abstand zueinander unterschritten haben, ab einer bestimmten Betrachtungsentfernung nicht mehr als zwei Gegenstände zu erkennen, verhilft dem Fotografen so zu schärfer erscheinenden Fotos und dem Phänomen der Schärfentiefe.

Den größten Schärfentiefebereich bieten Lochkameras, deren Öffnung kein Objektiv verwendet.

Zerstreuungskreise und Abbildungsgröße beeinflussen sich gegenseitig. Wächst der Abbildungsmaßstab, wachsen auch die Zerstreuungskreise. Oder: Je größer der Abbildungsmaßstab, um so kleiner wird der Schärfentiefebereich. Da man mit dem Teleobjektiv das Motiv größer abbildet, reduziert sich der Motivraum, der scharf erscheint. Teleaufnahmen haben weniger Schärfentiefe. Mit dem Weitwinkelobjektiv wird dagegen der Abbildungsmaßstab reduziert und der Schärfebereich wird dementsprechend größer erscheinen. Weitwinkelaufnahmen haben deshalb viel Schärfentiefe.

Wenn man optische Gesetze schon nicht ändern kann, dann sollte man sie wenigstens nutzen: So zum Beispiel das gestalterische Element der selektiven Schärfe. Der Fotograf sorgt dafür, daß nur ein kleiner, bildwichtiger Teil die optimale Schärfe erhält und sich der restliche Bildraum in Unschärfe auflöst. Eine weit geöffnete Blende am Teleobjektiv und ein Sujet im näheren Einstellbereich liefern dafür die größte Wirkung.

Mit Hilfe der Schärfentiefe sind aber auch Bilder zu schaffen, die beim Betrachter den Eindruck hinterlassen, es sei alles vom Vorder- bis zum Hintergrund scharf.

Die Wirkung der Schärfentiefe erleben EOS 500 Fotografen erst im fertigen Bild, doch mit Hilfe des »A-DEP«-Programmes kann der räumliche Bereich, der scharf wirken soll, bestimmt werden. Die dazu notwendige Blende und die sich daraus ergebende Verschlußzeit errechnet die Kamera und übernimmt die Werte zur Einstellung. Dazu wird das Einstellrad, die zentrale Wählscheibe, auf Programm »A-DEP« gestellt. Dann wird der Bildausschnitt so gewählt, daß Anfangspunkt und Endpunkt des gewünschten Schärfenbereichs im breiten AF-Meßfeld liegen. Die Kamera signalisiert im Sucher und auf dem Display-Monitor, mit welcher Zeit und Blende die gewünschte Schärfenzone zu realisieren ist. Gibt es gegen diese Werte keine Bedenken – etwa wegen zu langer Belichtungszeit –, kann durch Verstärken des Drucks ausgelöst werden. So einfach können Bilder mit der Schärfentiefeautomatik sein.

Wenn die kleinste Blende im Sucher blinkt, sind die Schärfentiefe-Wünsche des Fotografen unerfüllbar. Meist ist es besser, den Schärfentiefebereich im Vordergrund zu verkleinern, als einen weiter hinten liegenden Punkt anzuvisieren.

Brennweite

Der Aufnahmewinkel eines Objektivs selbst spielte in den Anfangsjahren der Fotografie keine Rolle. Es gab keine Unterscheidung nach Weitwinkel-, Standard- oder Teleobjektiven. Dabei waren bereits 1865 von Steinheil in München das erste Weitwinkelobjektiv der Bayerischen Akademie der Wissenschaften und 1890 das erste »fotografische Fernrohr galileischer Konstruktion«, das das Motiv bereits vierfach vergrößerte, vorgestellt worden.

Das Bestreben der Konstrukteure richtete sich damals verstärkt auf Lichtstärke und das Beheben einzelner Linsenfehler.

Erst die Erfindung der Kleinbildfotografie durch Oskar Barnack machte die Herstellung von Objektiven mit unterschiedlichen Brennweiten sowie mit hohen und höchsten Lichtstärken plötzlich fotografisch auch sinnvoll.

Brennweite und Bildwinkel

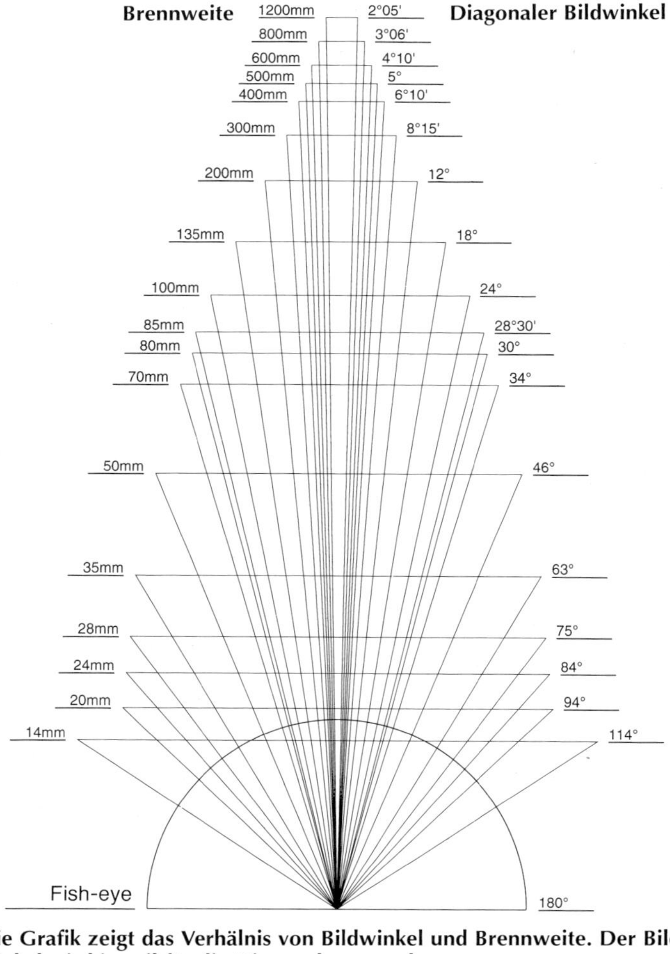

Die Grafik zeigt das Verhälnis von Bildwinkel und Brennweite. Der Bildwinkel wird jeweil für die Diagonale angegeben.

Mit dem Wandel von der romantischen, scheinbar künstlerischen Fotografie zur »Neuen Sachlichkeit« und den ersten Erfolgen der Bildjournalisten wurde auch der Wunsch nach Wechselobjektiven stärker. Dieser Wunsch war um so verständlicher, da damals das kleine 24 x 36-mm-Format seine Leistung nur bei formatfüllender Abbildung zeigen konnte.

Doch erst Anfang der 60er Jahre, mit dem Erfolg der Kleinbild-Spiegelreflexkameras, wurden Wechselobjektive zur Selbstverständlichkeit.

Perspektive

Ganz gleich, ob Objektive gewechselt oder Brennweiteneinstellungen verändert werden, die Perspektive ist bei allen Aufnahmen eines Motivs identisch – wenn vom gleichen Standpunkt aus fotografiert wird. Erst wenn der Fotograf auch seinen Standort wechselt, beeinflußt er die Perspektive, da er das Verhältnis von Hauptmotiv zu Hintergrund ändert. Doch da stets von dynamischer Weitwinkel- und raumraffender Teleperspektive gesprochen wird, einige

Der Blick von unten zeigt deutlich die nach oben zusammenlaufenden, senkrechten Linien.

Links:
Die stürzenden Linien in dieser Aufnahme unterstreichen die Architektur des mächtigen Gebäudes.

Unten:
Auch in dieser Aufnahme wird durch die perspektivisch zusammenlaufenden Linien die Tiefe des Raumes betont.

Bemerkungen zu den Begriffen Perspektive und Verzerrungen: Die eigentlich senkrechten Linien eines mit schräg gehaltener Kamera fotografierten Hochhauses werden als stürzende Linien empfunden und als Verzerrung angesehen. Die in der Ferne zusammenlaufenden Linien eines Schienenstrangs werden dagegen als »normal« akzeptiert, obwohl beide Phänomene nach den gleichen Gesetzen der Linearperspektive entstanden. Um naturgetreue Abbildungen nach dem Gesetz der Linearperspektive zu schaffen, wurde der Vorläufer des Fotoapparats, die »Camera obscura« hauptsächlich als eine Zeichenhilfe benützt. Selbst Goethe besaß zwei tragbare Modelle, um naturgetreu und perspektivisch richtig zu zeichnen.

Eine verzeichnungsfreie, also unverzerrte Wiedergabe eines Objekts ist in der Fotografie nur möglich, wenn es zweidimensional ist. Bei räumlichen Sujets muß eine plane Fläche zur Kamera zeigen; in beiden Fällen muß die abzubildende Fläche genau parallel zur Filmebene verlaufen. Sonst findet eine trapez- oder rautenförmige Verzeichnung statt. Selbstverständlich gilt das auch für einen Kreis. Bei perspektivischer Darstellung wird er als Ellipse abgebildet. Seine Kreisform behält er nur, wenn seine Fläche parallel zur Filmebene verläuft. Ist diese Parallelität nicht gegeben, wird jedes Motiv verzerrt! Jede Verkleinerung, Verkürzung oder Konvergenz, also das Zusammenlaufen von Parallelen, ist eine perspektivische Verzerrung. Nur die Sehgewohnheit des Fotografen oder des Betrachters differenziert, was als natürlich empfunden und damit perspektivisch richtig oder anomal und damit verzerrt zu sein scheint.

Der Fotograf kann durch die Wahl der Brennweite und des Aufnahmeabstandes beeinflussen, wie stark diese Verzerrung sein soll. Es hängt von seinem Können ab, ob sie als normale Perspektive akzeptiert, als verzerrt angesehen oder sogar als Fehler gewertet wird. Dieser Grad der Verzerrung ist durch die Objektivbrennweite und Aufnahmesituation präzise zu steuern. Sie wird deshalb von kreativen Fotografen für die Bildgestaltung zur Verdichtung von Informationen oder zum Steigern der emotionalen Aussage bewußt eingesetzt.

Will man von einem Sujet möglichst viele Bilder mit unterschiedlichem Abbildungscharakter haben, so ist dies am leichtesten durch die Änderung von Brennweite und Aufnahmeentfernung zu erreichen. Ein Halbieren der Aufnahmeentfernung und ein Halbieren der Brennweite liefern Sujets mit »steiler« Perspektive. Der Vordergrund ist in der Größe betont, die Fluchtlinien scheinen im Hintergrund schneller zusammen zu laufen. Umgekehrt ist die Wirkung, wenn beides, Motiventfernung und Brennweite, verdoppelt wird: Vordergrund und Hintergrund scheinen zusammengerückt zu sein – bei gleichem Bildausschnitt.

Diese Wirkung läßt sich mit einem Zoomobjektiv besonders einfach erreichen, aber nur wenn man gleichzeitig seinen Aufnahmeabstand ändert.

Eines der wichtigsten Gestaltungsmerkmale für einen planvollen Einsatz der Perspektive – senkrechte Kamerahaltung einmal vorausgesetzt – besagt, daß nur die nicht parallelen Linien nach den Gesetzen der Linearperspektive abgebildet werden.

Sehr häufig wird gerade in vergleichbaren Situationen mit einem Objektiv fotografiert, das scheinbar von Sachzwängen gefordert wird. So greifen viele Fotografen automatisch zu einem Weitwinkelobjektiv, wenn sie eine enge Gasse voll quirligen Lebens fotografieren wollen. Das Ergebnis ist meist langweilig, weil das Weitwinkelobjektiv das Verhältnis von Vorder- und Hintergrund dahin ändert, daß der nahe Vordergrund verhältnismäßig groß und der Hintergrund extrem klein wiedergegeben wird. Der keine zwei Meter entfernt stehende Händler wirkt bei der mit 24 mm Brennweite entstandenen Aufnahme so weit entfernt, als hätte er seinen Stand am Ende einer breiten Gasse aufgebaut. Das suggerieren der große Vordergrund und die schnell wechselnden Größenverhältnisse zum Hintergrund. Hier wird der Fotograf, der das Gefühl und die Atmosphäre einer überquellenden Gasse vermitteln will, weiter zurückgehen und eine Telebrennweite einsetzen. Die »raumraffende Wirkung«, die erkennbare Linearperspektive füllt die gleiche Gasse plötzlich mit »Menschengewühl«. So gibt es für jedes Objektiv ganz typische »Sehgewohnheiten«, die sehr stark vom Verhältnis der Aufnahmeentfernung zum Motiv und des Motivs zum Hintergrund beeinflußt werden.

Bilder mit millimetergenauen Bildausschnitten bei gleichem Motiv, aber unterschiedlich in der Wirkung, sind eine Domäne der Zoomobjektive, wenn, ja wenn der Fotograf nicht an seinem Platz wie festgenagelt stehen bleibt. Erst dann, wenn man beides beherrscht, liefern Wechselobjektive ein Bild der Welt aus verschiedenen Blickwinkeln und Perspektiven. Bilder, die zeigen können, was der Fotograf erlebt und empfunden hat, und nicht nur den Beweis für sein »Dort-gewesen-sein« liefern.

Das Canon EF-Objektiv-System

Canon ist einer der wenigen Kamerahersteller, die von Anfang an großen Wert darauf gelegt haben, ein eigenes lückenloses Objektiv-Programm anzubieten. Deshalb ist es nicht verwunderlich, daß Pionierleistungen auf diesem Gebiet häufig mit dem Namen Canon verbunden sind. Dazu gehören technische Ausstattungsmerkmale, die in kürzester Zeit zu Qualtitätsbegriffen im Objektivbau geworden sind, wie etwa Innenfokussierung, Linsen aus Kalziumfluorit oder das Erzielen von überzeugenden Superlichtstärken durch asphärische Linsenflächen.

Neuer Anfang – neue Techniken

Mit dem Erscheinen der ersten EOS-Kameras begann bei Canon ein neues SLR-Zeitalter. Es war der Startschuß für den Einstieg in ein vollkommen neues Kamera- und Objektiv-System. Dabei wollte Canon von Anfang an neue Wege gehen. Sonst hätte man es anderen Herstellern gleichtun müssen, die für ihre Autofokus-

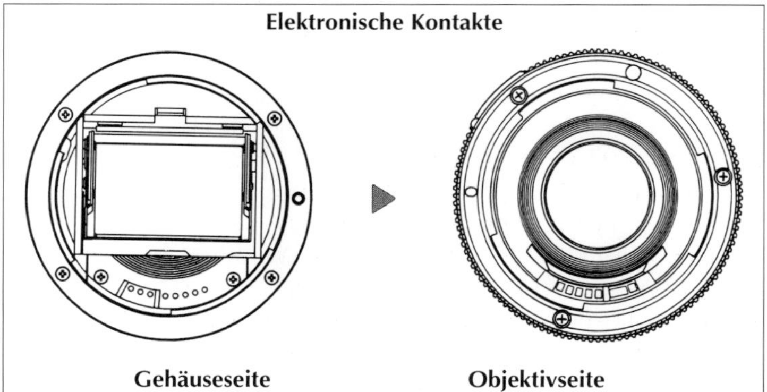

Die Schemazeichnung zeigt die Anordnung der elektronischen Kontakte am Kamera- und Objektivbajonett.

Spiegelreflexkameras den Fokussiermotor ins Gehäuse integrierten. Dieser Weg ist nach Canons Ansicht ein mit zu vielen Imponderabilien belasteter Kompromiß. Die elektronische Steuerung der Kamera muß beispielsweise im Voraus die notwendigen Daten aller Objektive speichern, die es eventuell einmal steuern

Ringförmiger USM Motor: Der ringförmige Ultraschallmotor sorgt für leise, schnelle und präzise Scharfstellung der EOS-EF-Objektive.

Der neuartige Micro-USM Motor erlaubt preiswerte Massenproduktion. So kann Canon Ultraschall-Technik auch in günstigen Objektiven anbieten.

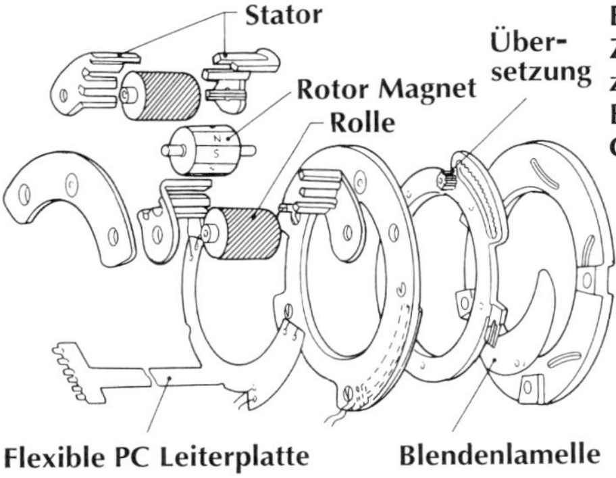

EMD-Konstruktion: Die Zeichnung zeigt das Prinzip der elektronischen Blendensteuerung in den Canon EOS EF-Objektiven.

soll. Ist es dagegen nicht sinnvoller, das Kameragehäuse nur mit einem Basiscomputer zu versehen, der dann vom Objektivcomputer stets alle notwendigen Daten erhält, so beispielsweise auch bei Zoomobjektiven die gerade eingestellte Brennweite und Entfernung?

Das größte Problem eines Fokussiermotors im Kameragehäuse sind aber die mechanische Kupplung von Kamera und Objektiv einerseits und die mechanische Übertragung der Linsenverstellungen andererseits. Probleme bereitet auch die Objektivblende. Der Druck auf den Auslöser bewirkt u. a. das mechanische Schließen der Blende. Das erfordert Zeit und eine stets gleichbleibende Kraft, ganz gleich in welchem Objektiv und an welcher Stelle die Blende auch untergebracht ist. Sie verursacht einmal einen Zeitverlust und verlangt einen extremen mechanischen Aufwand wie etwa besonders aufwendige Spezial-Kugellager. Dieser Aufwand und der Zeitverlust lassen sich durch eine elektromagnetische Blendensteuerung im Objektiv wesentlich reduzieren. Da der stets gleichbleibende »Kraftakt« vom Auslösemechanismus zur Blende entfallen kann, haben die Objektivkonstrukteure viel Freiheit gewonnen. Sie können die Blende an die Stelle setzen, die ihnen aus Qualitätsgründen am sinnvollsten erscheint und nicht mehr dorthin, wo sie bisher von der Mechanik verlangt wurde!

Wenn diese Platzvorgabe für die Blende entfällt, sind auch konstruktionsbedingte Probleme bei der Retrofokusbauweise bei Festbrennweiten oder Zoomobjektven leichter zu überbrücken. Es ermöglicht ferner, bei gleichzeitigem Vergrößern des Durchmessers, Objektive mit höherer Lichtstärke als bisher üblich zu bauen.

Da bei Canon die Priorität auf höchster Fokussiergeschwindigkeit und -genauigkeit liegt, entschied man sich für einen in Richtung Zukunft orientierten Weg: Jedes Objektiv erhält einen eigenen Computer, einen eigenen Motor, und genau den, der heute als technisch sinnvollste Lösung erscheint. Die Autofokussteuerung erfolgt direkt dort, wo die mechanische Einstellung zu erfolgen hat.

Das sind nur einige Vorteile des EOS-Kamera-Systems und der EF-Objektive, die sich direkt in größere Schnelligkeit und höhere Aufnahmefrequenz umsetzen lassen. Größere Schnelligkeit erhält man durch die schon erwähnte Reduzierung der Zeitparallaxe vom Auslösen zum Blendenschließen und durch Verbessern der vollelektronischen Datenübertragung der Kamera zum Objektiv. Wie sich schon bald zeigte, ist dieser vielversprechende Weg auch ein verbraucherfreundlicher. Canon kann so ein Maximum an Leistung – ganz speziell für den Profi und den Qualitätsfanatiker – bieten, aber auch durch ein parallel laufendes Objektiv-Programm Impulse und neue Chancen im Hobbybereich anbieten. Und das vielfach zu einem erstaunlich günstigen Preis.

Dort wo besonders profigerechte Anforderungen an ein Objektiv gestellt wurden, haben die Optik-Konstrukteure ihre Arbeit mit einem »L« (für Lens) zusätzlich markiert. Dieses »L«, auf das noch genauer bei den einzelnen Objektiven eingegangen wird, bedeutet, daß ein besonders hoher optischer Aufwand getrieben wurde, um ein Maximum an Kontrastwiedergabe, Auflösungsvermögen und Brillanz der Farbwiedergabe zu garantieren. Das »L« kann für Amateure das »L« der Luxusausführung bedeuten, für viele Berufsfotografen ist es die Sicherheit der lebensnotwendigen und lebenslänglichen Leistung an Qualität. Das veranschaulicht auch, daß Canon nicht nur ein Kamera- oder ein Objektiv-System entwickelt, sondern eine EOS-Philosophie gefunden hat, die zukunftsorientiertes Handeln ermöglicht.

Automatisch Scharfstellen

Drei maßgeschneiderte Mikromotoren sorgen dafür, daß bei den EF (Electro-Focus)-Objektiven die Schärfe eingestellt wird. Das sind einmal kleine AFD-Spezialmotoren, sogenannte Bogen-Motoren mit hohem Drehmoment und geringer Ansprechzeit, die die Autofokus-Funktionen der meisten frühen EOS-Objektive steuerten.

Ein neuartiger Motor nutzt die Vorteile schneller, linearisierter Innenfokussierung und wird von den Japanern mit einer Bleistiftspitze verglichen. Er ermöglicht in Verbindung mit neuartigen Baustoffen und vereinfachten Objektivfassungen nun Objektive für den Amteurbereich, bei denen neben dem Gewicht sehr deutlich auch der Preis gesenkt werden konnte.

Die speziellen, von Canon entwickelten Ultraschallmotoren ermöglichen Autofokus in nahezu allen Bereichen der professionellen Fotografie. Sie sind eine hervorragende Arbeitshilfe und -erleichterung. Diese Motoren benötigen keine Reaktions- oder Anlaufzeit, sondern arbeiten sofort, sprich verzögerungsfrei. Kei-

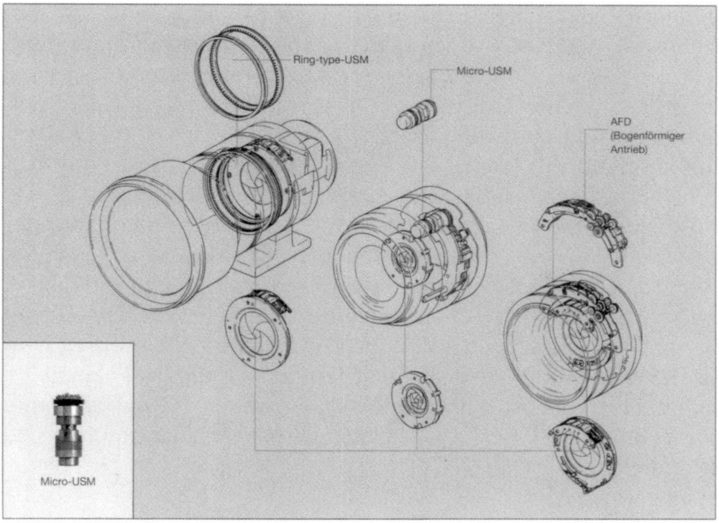

Die Zeichnung zeigt die drei verschiedenen Antriebe in Canon EOS EF-Objektiven: Ringförmiger USM, Micro USM und Bogenmotor.

ne Kupplung hindert sie daran, aus dem Stand heraus zu agieren und ihre automatische Scharfeinstellungsaufgaben auch unter schwierigsten Bedingungen schnellstens zu erfüllen.

Solch ein USM – Ultra Sonic Motor – zu deutsch »Ultraschallmotor« arbeitet mit piezoelektrischen Keramik-Elementen, die durch Ultraschall-Vibrationen angetrieben werden. 20 000 Hertz, unhörbar für Mensch und Tier, sorgen per Vibration für einen kupplungsfreien und direkten Antrieb. Vergleichbar ist dies mit der rhythmischen Bewegung einer Schlange im Kreis herum. Da nur diese 20 000 Hertz für die Linsenverschiebungen zuständig sind, ist ihr Wirken unhörbar. Wo keine Geräusche verursacht werden, kann auch nichts stören.

Es ist sicher nicht übertrieben, daß erst diese USM-Motoren manchen Skeptiker, gerade dort wo viel Action, Sport und Bewegung vor der Kamera stattfindet, von den Vorteilen und der Arbeitserleichterung eines funktionierenden Autofokus-Systems überzeugt haben.

Die Herstellung dieser USM-Motoren war anfangs recht kompliziert und vor allen Dingen bei den zunächst verhältnismäßig geringen Stückzahlen (und hohen Entwicklungskosten) sehr kostenintensiv. Daher wurden diese Motoren zuerst nur in den Objektiven für den professionellen Einsatz genutzt. Doch Canon ist es gelungen, diese Technologie in preiswerte und einfacher aufgebaute Motoren zu übertragen. Das macht den Ultraschallantrieb, der nun teilweise von Canon Technikern als Mikro-Ultraschallmotor bezeichnet wird, nun auch für den Hobbyfotografen nicht nur erschwinglich, sondern im wahrsten Sinne des Wortes preiswert. Ein- und Aufsteigern wird so der Weg in das EOS-System und das über 30teilige EOS-Objektivprogramm ermöglicht und engagierteren Amateuren so eine neue Palette außergewöhnlicher Brennweiten von 14 bis 1200 mm geboten. Bei dieser neuen Technik ist kein Umschalten mehr auf manuelles Fokussieren nötig. Der Fotograf kann jederzeit eingreifen. Ob dies immer sinnvoll ist, sei dahingestellt. Doch die Möglichkeit beruhigt und stört niemals.

EF für Linsen und Leistungsgrenzen

Mit dem Erscheinen der ersten EOS-Modelle 1987 wurden gleichzeitig auch dreizehn EF-Objektive angekündigt. Mittlerweile sind daraus über 30 verschiedene EF-Objektive geworden. Erstaunlich daran ist jedoch nicht die Gesamtzahl, sondern der hohe Anteil der Zoomobjektive, die den Brennweitenbereich von 20 bis 300 mm abdecken. Fast die Hälfte der Zoomobjektive und zahlreiche Festbrennweiten in extremen Leistungsbereichen tragen außerdem die Zusatzbezeichnung L. Die Qualität optischer Systeme bei Canon allgemein, und speziell der EF-Objektive, ist so hervorragend, daß den möglichen Abbildungsfehlern und ihren Ursachen nur verhältnismäßig wenig Raum gewidmet werden muß. Doch ein fehlerfreies Objektiv gibt es nicht. Die Fehler, die übrigbleiben, entscheiden darüber, ob ein Objektiv mit schwachem Restfehler in Zukunft 400 Mark oder fast fehlerfrei über 2000 Mark kostet.

Die große Kunst der Optik-Konstrukteure liegt auch darin, die Fehler der jeweiligen Aufgabenstellung des Objektivs angepaßt zu reduzieren, so daß verbleibende Restfehler bei sachgerechter Anwendung im Bild nicht auffallen. Doch für den technisch wissenschaftlichen Einsatz und auch bei vielen professionellen Aufgaben wird nicht nur gute Qualität verlangt, sondern das Maximum. Hier ist es wichtig, daß Objektiv und Kamera ihre Höchstleistungen addieren und dazu werden EF-Objektive mit der Zusatzbezeichnung L benötigt.

Festbrennweiten oder Zoomobjektive?

Canon offeriert für jeden Zweck das richtige Autofokus-Objektiv. Sie decken den Brennweitenbereich von 14 mm bis 1200 mm lückenlos ab. Für manchen befremdlich oder zumindest ungewöhnlich ist der erstaunlich hohe Anteil von Vario-Objektiven, die bei Canon die Bezeichnung »Zoom« führen. Es gibt dabei eine, auch von außen erkennbare, Grundordnung und Objektiv-Philosphie für das gesamte EOS-EF-Objektivprogramm:

Da sind einmal eine Reihe von Zoomobjektiven, die bei 28 oder 35 mm Brennweite beginnen und bis 70 bis 135 mm reichen, daran schließen sich Tele-Zooms, die mit Brennweiten zwischen 50 und 100 mm starten und bei 200 oder 300 mm enden. Das kann man als das Standard-EOS-Programm bezeichnen, das gerade im Bereich der Hobbyfotografie und der preiswerteren Kameragehäuse seine Hauptabnehmer findet. Es sind Objektive der gehobenen Qualitätsstufen, die keinen Vergleich auf diesem Markt der Autofokus-Objektive zu scheuen brauchen und teilweise sogar als internationaler Qualitätsstandard angesehen werden. Mit zwei oder drei Zoomobjektiven lassen sich fast alle fotografischen Aufgaben lösen – zur Not, wenn die Lichtstärke nicht reicht, auch einmal vom Stativ.

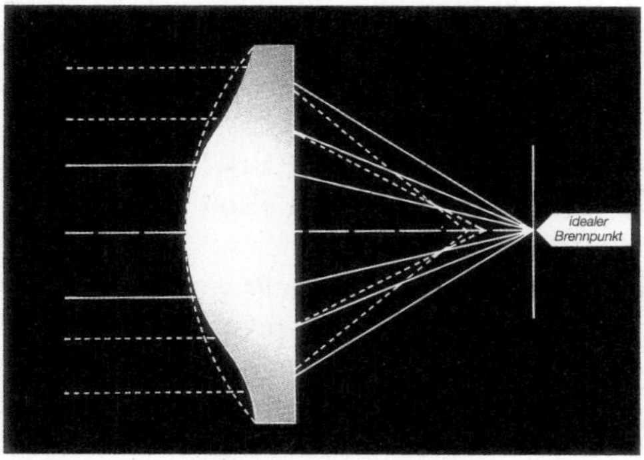

Asphärisch geformte Linsen haben eine von der üblichen Kugelform abweichende Oberfläche, um auch an den Rändern eintretende Strahlen im Brennpunkt zu bündeln.

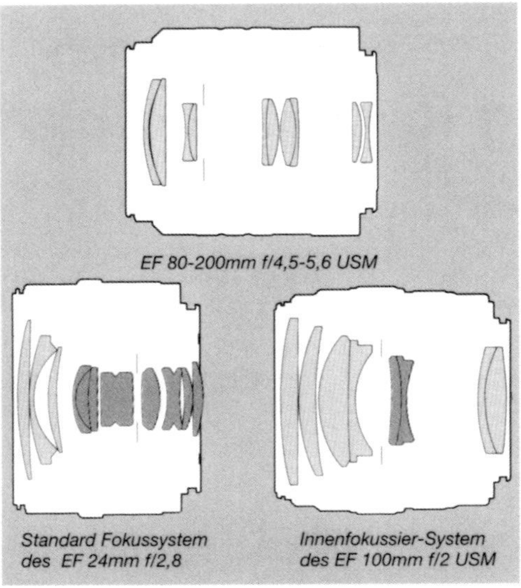

Die Schnittzeichnung zeigt die optische Konstruktion der unterschiedlichen Canon EF-Objektivtypen.

Für Qualitätsfanatiker mit professionellem Anspruch an die Bildqualität präsentiert Canon stolz fünf Zoomobjektive, die lückenlos den Brennweitenbereich von 20 mm bis 300 mm in L-Qualität überbrücken. Eine extrem lichtstarke Objektiv-Reihe mit Festbrennweite kann diese Zooms ergänzen oder auch als eigenständiges Programm jeden EOS 500-Besitzer zufriedenstellen.

Die Frage »Zoom oder Festbrennweite?« stellt sich hier nicht mehr. Bis auf ein oder zwei Ausnahmen – die schon am Preis erkennbar sind – wurden sonst alle Fehler, die jahrelang als typisch für Zoomobjektive angesehen wurden, auf ein Minimum reduziert. Selbst bei den preiswertesten, kurzen Brennweiten treten im Normalfall kaum noch kissenförmige Verzeichnungen oder störende Vignettierungen auf. Erst bei knapper Belichtung vor oder von hellen, monochromen Flächen, wie es etwa ein Flugzeug am blauen Himmel oder eine Blumenreihe vor weißer Häuserwand darstellt, wird beispielsweise eine Vignettierung, ein Abdunkeln der Bildecken, feststellbar. Aber das auch nur, wenn kein Motivprogramm eingestellt war, denn die verhindern ein so starkes Unterbelichten. Wenn man erst Millimeterpapier fotografieren muß, um den Grad der kissenförmigen Verzeichnung festzustellen, die bei normalen Bildsituationen nicht festzustellen sind, ist auch das als positiver Qualitätsbeweis anzusehen.

Der Hauptnachteil war und ist immer noch die verhältnismäßig geringe Lichtstärke vieler Zoomobjektive. Das ist jedoch kein typisches Canon-Problem, sondern gilt für alle Hersteller gleichermaßen. Ein deutlicher Zuwachs im Bereich der Filmempfindlichkeit bei gleichzeitiger Qualitätsverbesserung im Bereich Korn und Schärfe haben von der Chemieseite her die Grundbedingungen für den Einsatz von Zoomobjektiven verbessert. Durch eine erst in letzter Zeit verstärkt angewandte Bauweise ist das Problem auf die Grenzbereiche in Richtung längster Brennweite verlagert worden. Dabei ist die Lichtstärke in Abhängigkeit zur Brennweite variabel, etwa bei einem EF 1:2,8-4/28-80 mm L. Bei der kürzesten Brennweite von 28 mm beträgt die größte Blendenöffnung 2,8 und verändert sich kontinuierlich bis zum Öffnungsverhältnis 1:4 bei 80 mm Brennweite. Die Differenz von dreiviertel Blendenstufen gilt dabei für alle Blendenwerte (in diesem Beispiel) von 2,8 bis 22.

Bei dem verständlichen Wunsch nach L-Objektiven wird man sicher manchmal durch den aktuellen Kontostand zu einem Kompromiß oder einer langfristigen Investitionsplanung gezwungen.

Beim Einstieg in ein neues System hat man jedoch die große Chance, genau zu planen, wie man seine persönliche Objektivreihe aufbauen will. Beginnen sollte man mit der Frage »Normalobjektiv, ja oder nein?«. Die damit zu erzielende Bildwirkung entspricht in etwa dem Augeneindruck. Wird das restliche Programm mit Zoomobjektiven aufgebaut, kann ein Standardobjektiv mit Lichtstärke 1:1,8 eine sinnvolle Lösung – auch für lichtarme Situationen – sein. Sind lichtstarke Objektive eingeplant, ist ein Makro-Objektiv, das ja auch noch eine Anfangsöffnung von 1:2,5 aufweist, eine, viele Möglichkeiten erschließende, Alternative.

Aber auch ein vorläufiger Verzicht auf die normale Brennweite und der Start mit zwei Objektiven etwa »35-70 mm« oder besser »28-80 mm« und ein daran sich anschließender Telebereich von »80-200 mm« oder »100-300 mm« kann sinnvoll sein.

Eine Grundregel sollte man beim Einsatz von Wechselobjektiven stets bedenken: der reziproke Wert der Brennweite sollte auch die längstmögliche Verschlußzeit sein, die man frei aus der Hand riskiert. Ein Wert kürzer, also beim 300er statt 1/300 die 1/500 Sekunde, als längste Verschlußzeit sind jedoch ein »Muß«, wenn man wirklich noch etwas von der Qualität in seinen Bildern wiederfinden will, die solch eine Ausrüstung bieten kann.

Der Einsatz eines Einbeinstativs kann da schon zu qualitativen Wundern führen. Weitere und vor allen Dingen stärkere Tele- oder Weitwinkelobjektive sollten dann aber ganz genau auf die fotografische Aufgabenstellung oder den gewünschten Motivbereich des Fotografen abgestimmt sein. Das EOS-EF-Programm bietet hier nahezu für jeden Geschmack, für jeden Bedarf und auch für (fast) jeden Geldbeutel eine Lösung.

Die EF-Objektive im einzelnen

Alle Objektive werden durch zwei Werte gekennzeichnet: Lichtstärke bzw. größte Blendenöffnung und Brennweite. Der erste Wert, etwa bei der Bezeichnung »1:2,8/28 mm«, gibt die Lichtstärke des Objektivs an und kennzeichnet gleichzeitig auch die größte zu verwendende Blende. Eine Blende begrenzt den Strahlenraum des ins Objektiv einfallenden Lichtes. In der Wirkung arbeitet eine Objektivblende ähnlich wie die Iris des Auges. Dabei ist Blende 16 eine kleinere Blende als 11 und 2,8 demzufolge eine große Blende. Blende 2 ist eine noch größere Blende. Sie läßt infolge doppelter Öffnungsfläche gegenüber Blende 2,8 auch doppelt so viel Licht zum Film. Die durchgelassene Lichtmenge halbiert sich jeweils, wenn die Blende(nöffnung) auf den nächsten Wert geschlossen wird. Anders herum: Wird die Blende(nöffnung) um einen Wert vergrößert, etwa von 8 auf 5,6, wird die einfallende Lichtmenge verdoppelt.

Die internationale Blendenreihe beginnt bei 1 und der jeweils nächste Blendenwert wird errechnet, indem er mit dem Faktor 1,4 ($\sqrt{2}$) multipliziert wird. Daraus ergibt sich die internationale Blendenreihe mit den Werten:

1 1,4 2 2,8 4 5,6 8 11 16 22 32 45 etc.

Sollte einmal der erste Wert, der auch die Lichtstärke des Objektivs angibt, nicht mit einem Wert dieser Blendenreihe identisch sein, so ist es garantiert der nächste, also der erste abgeblendete.

Der zweite Wert eines Objektivs, der stets in Millimeterwerten angeben wird, betrifft die Brennweite. Dies ist die wichtigste Bezugsgröße eines Objektivs und unabhängig von jedem Filmformat. In jedem Linsensystem werden aus dem Unendlichbereich kommende Lichtstrahlen innerhalb des Linsensystems umgelenkt, so daß sie sich in einem Brennpunkt treffen. Die Strecke von der bildseitigen Hauptebene des Objektivs bis zum bildseitigen Brennpunkt wird als Brennweite bezeichnet.

Der Bildwinkel, den ein Objektiv erfaßt, wird allgemein für die Diagonale angegeben. Er ist abhängig von der Brennweite. Sein Verhältnis zur Formatdiagonalen des Aufnahmematerials wiederum bestimmt seinen fotografischen Wert. Ein größerer Bildwinkel wird zum Weitwinkel und ein immer kleiner werdender Bildwinkel führt zum Teleobjektiv. Jedoch ist der Wirkungsgrad jeweils abhängig von der Größe der Diagonalen des verwendeten Filmformats.

Die Bezeichnung EF steht für »Electro-Focus«. Sie kennzeichnet alle Wechselobjektive, die an Canon EOS-SLR-Kameras passen. Diese Objektive können zum Teil auch an Camcordern und digitalen »Still-Cameras« von Canon verwendet werden. »L« kennzeichnet die Reihe der Hochleistungsobjektive und »USM« gibt an, daß die Scharfstellung bei diesem Modell mit Ultraschallmotor erfolgt. An dem Kürzel »TS-E« sind die »Tilt und Shift«-Objektive zu erkennen und der Zusatz Macro weist darauf hin, daß es sich um ein Objektiv handelt, daß speziell für den Nahbereich berechnet wurde und große Abbildungsmaßstäbe ermöglicht.

Inzwischen bietet Canon mit über vierzig Modellen das umfangreichste und vielseitigste Wechselobjektivprogramm für Autofokus-Spiegelreflex-Kameras.

Hier zunächst einmal eine Übersicht auf die beeindruckende Liste aller Canon EF-Objektive, die dann in Gruppen von Superweitwinkel-, Weitwinkel-, Standard-, Weitwinkelzoom-, Telezoom-, mittlere Tele- und Supertele- sowie Spezialobjektive unterteilt im einzelnen behandelt werden sollen.

Canon EF 1:2,8/14 mm
Fish-Eye EF 1:2,8/15 mm
Canon EF 1:2,8/20-35 mm L
Canon EF 1:3,5-4,5/20-35 mm USM
Canon EF 1:2,8/24 mm
Canon TS-E 1:3,5 /24 mm
Canon EF 1:3,5-4,5/28-70 mm II
Canon EF 2,8/28 mm
Canon EF 2,8-4/28-80 mm L USM
Canon EF 3,5-5,6/28-80 mm II USM
Canon EF 3,5-5,6/28-80 mm USM
Canon EF 1:3,5/35-70 mm
Canon EF 1:3,5-4,5/35-105 mm
Canon EF 1:4 4,5/35-80 mm
Canon EF 1:4,5-5,6/35-135 mm USM
Canon Superzoom EF 1:3,5-5,6/35-350 mm L USM
Canon TS-E 1:2,8/45 mm
Canon EF 1:1,0/50 mm L USM
Canon EF 1:1,4/50 mm USM
Canon EF 1:1,8/50 mm
Canon EF 1:2,5/50 mm Makro
Canon EF 1:3,4-4,5/50-200 mm
Canon EF 1:3,4-4,5/50-200 mm L
Canon 3,5-4,5/70-210 mm USM
Canon EF 1:3,5-4,5/70-210 mm USM
Canon EF 1:4,5-5,6/75-300 mm
Canon EF 1:2,8/80-200 mm L
Canon EF 2,8/80-200 mm L
Canon EF 1:1,2/85 mm L USM
Canon TS-E 1:2,8/90 mm
Canon EF 1:2/100 mm USM
Canon EF 1:2,8/100 mm Makro
Canon EF 1:4,5/100-200 mm A
Canon EF 1:4,5-5,6/100-300 mm

Canon EF 1:4,5-5,6/100-300 mm L
Canon EF 1:2,8/135 mm Softfocus
Canon EF 1:1,8/200 mm L USM
Canon EF 1:2,8/300 mm L USM
Canon EF 1:4/300 mm L USM
Canon EF 1:5,6/400 mm USM
Canon EF 1:2,8/400 mm L USM
Canon EF 1:4/600 mm L USM
Canon EF 1:5,6/1200 mm L USM

Standard-Brennweiten

Normal- oder Standardobjektive weisen eine Brennweite auf, die in etwa der Größe der Bilddiagonale entspricht. Das sind beim Kleinbild-Format rund 43 mm. So fallen alle Objektive in diese Kategorie, die eine Brennweite zwischen 40 und etwa 60 mm aufweisen. Aus fertigungstechnischen und optischen Gründen bevorzugt man seit Beginn der Kleinbildzeit jedoch 50 mm als Standardwert.

Eine Rarität auf dem Weltmarkt ist das superlichtstarke Canon EF 1,0/50 mm L.

Zur EOS 500 und den anderen EOS-Modellen werden vier Objektive mit 50 mm Brennweite angeboten, doch nur zwei sind sogenannte Normalobjektive. Von den beiden anderen gilt eines als Spezialobjektiv für lichtarme Situationen und das andere zeichnet sich als Makro-Objektiv durch einen besonders großen Naheinstellbereich aus.

Alle vier Objektive besitzen einen Bildwinkel (in der Diagonalen) von 46 Grad. Die damit zu erzielenden Bildwirkungen entsprechen dank ihrer sehr natürlich wirkenden Perspektive in etwa dem Augeneindruck. Auch wenn Zoomobjektive, etwa im Bereich 35-80 mm Brennweite, mehr und mehr die Aufgaben der Standardobjektive übernehmen, so haben sie dennoch auch weiterhin ihre Bedeutung. Die auffälligsten Vorteile sind geringes Gewicht und die hohe Lichtstärke.

Canon EF 1,8/50 mm: Der Unterschied in der Lichtstärke eines kleinen Zoomobjektivs mit 3,5 oder 4,5 und einem Standardobjektiv von 1:1,8 entspricht fast zwei Blendenwerten. Bei Umrechnung auf die Zeit ergibt das einen Zeitsprung von beispielsweise 1/15 auf 1/50 Sekunde. Damit liegt man wieder innerhalb der Regel vom reziproken Wert für unverwackelte Freihandaufnahmen. So groß ist der Unterschied zwischen dem EF 1,8/50 mm und allen Zoomobjektiven, die ebenfalls diese Brennweite aufweisen!

Die Naheinstellung des Standardobjektivs liegt bei 45 cm und liefert so einen Abbildungsmaßstab von 1:15.

Der optische Aufbau besteht aus 6 Linsen in 5 Gliedern. Die Scharfeinstellung erfolgt automatisch durch einen AFD-Motor (Bogenmotor) oder kann manuell vorgenommen werden. Die Fokussiergeschwindigkeit von ∞ zur kürzesten Entfernungseinstellung beträgt 0,44 Sekunden. Das Objektiv läßt sich bis auf Blen-

EF 1,8/50 mm und EF 2,5/50 mm Compact-Macro.

de 22 schließen. Der Filterdurchmesser beträgt 52 mm. Das Filter dreht sich nicht mit, das erleichtert den Einsatz von Pol- und Effektfiltern. Das Standardobjektiv ist 42,5 cm kurz und wiegt nur 190 Gramm.

Canon EF 1:1,4/50 mm USM: Lichtstärke 1,4 , das ist noch einen halbe Blende lichtstärker als das 1,8 und kann im Theater oder Zirkus, in Verbindung mit hochempfindlichem Film sogar ohne Blitz auskommen und in Museen und Kirchen ebenfalls auf Grund des Blendengewinns zum Erfolg führen.

Dabei ist es ein Objektiv, das auch ein überraschend helles Sucherbild liefert, hohes Auflösungsvermögen, scharfe Kontraste mit ausgezeichneter Farbbalance kombiniert. Es ist ein Standard-Objektiv mit Spitzenleistung, von dem manches (Standard-) Zoom nur träumen kann. Selbst bei offener Blende ist die Leistung überzeugend.

Das Objektiv besteht aus 7 Elementen in 6 Gruppen. Die Naheinstellgrenze beträgt 0,45 m. Das Objektiv ist kaum 5 cm lang und wiegt nur 290 g. Dank des Micro-Ultraschallmotors fokussiert es extrem schnell, nahezu lautlos und erlaubt auch manuelle Scharfstellung, ohne daß dazu die Abschaltung der AF-Funktion nötig wäre.

Canon EF 1,0/50 mm L USM: Dies ist bisher das einzige Standardobjektiv mit 50mm-Brennweite für AF-Kameras mit der Traumlichtstärke von 1:1,0 auf dem Markt. Das Objektiv besteht aus 11 Elementen in 9 Gruppen, die zusammen mit der Fassung fast 1000 Gramm auf die Waage bringen, ohne jedoch unhandlich zu sein. In sein optisches System sind zwei asphärische Linsen und Spezialgläser mit hohem Brechungsindex – sogennate UD-Gläser – integriert. Dadurch werden so gut wie alle sphärischen Aberrationen, die durch stärker brechende Randstrahlen auftreten, beseitigt und Streulicht kompensiert. »Floating elements« vermeiden Aberrationen, die bei Fokusveränderungen Schwierigkeiten machen können, und garantieren die gleichmäßige Einhaltung der hohen Abbildungsqualität bei jeder Aufnahmeentfernung. Dieser optische Aufwand kommt hauptsächlich der Qualität bei offener Blende zugute. Das Objektiv ist noch genau eine Blende lichtstärker als das 1,4/50 mm. Eine halbe Blende Unterschied besteht zum EF 1,2/85 mm L.

Der Einstellbereich geht bis 60 cm. Er kann aber – und das sollte er auch – wenn zum Beispiel bei nächtlichen Straßenszenen diese geringe Distanz nicht verlangt wird, wegen der schnelleren Fokussierung auf den zweiten Bereich, bis 1 m limitiert werden.

Hier läßt sich leicht nachvollziehen, welche Arbeit solch ein Ultraschallmotor zu verrichten hat und wie schnell das alles funktioniert. Versuche von Hand, den langen Verstellweg von unendlich bis 60 cm ähnlich schnell vorzunehmen, ergaben stets Einstellzeiten, bei denen Autofokus und Motor einer zweiten Kamera schon die erste Serie erfolgreich abgeschlossen hatten. Kein Wunder, erfolgt doch der gesamte Fokussiervorgang von unendlich bis zur kürzesten Entfernung in genau 1,0 Sekunde.

Lichtstärke 1:1,0 ist sicher keine Notwendigkeit für jeden, doch es gibt genügend Motive, die engagierte Hobbyfotografen oder Profis unter schwierigsten Lichtbedingungen damit bewältigen werden. Die Schärfentiefe bei Blende 1,0 und genau 60 cm Aufnahmeentfernung beginnt bei 59,5 und endet bei 60,3 Zentimetern, der Unendlichbereich bei offener Blende beginnt bei 81 Metern! Gut, daß es Autofokus gibt.

Das Objektiv ist 81,5 mm lang, hat einen größten Durchmesser von 91,5 mm und ein Filtergewinde von 72 mm. Das kleinste Aufnahmefeld – Objektfeldgröße – (bei Abbildungsmaßstab 0,11) beträgt 22,8 x 34,2 cm. Sein Gewicht beträgt 985 Gramm.

Fish-Eye- und Superweitwinkel-Objektive

Fish-Eye EF 2,8/15 mm: Mit diesem EF-Objektiv behält man stets und überall den Überblick. Es hat einen Bildwinkel von 180° in der Diagonalen. Das entspricht 137° in der Waagerechten. Es ist auch das einzige Objektiv im EOS-Programm, bei dem die geraden Linien des Motivs, auch wenn sie parallel zur Filmebene verlaufen, im Foto durchgebogen wiedergegeben werden. Nur die Linien, die durch den Bildmittelpunkt laufen, behalten ihre ursprüngliche Form. Gleichgroße Gegenstände, die wieder parallel zur Filmebene ausgerichtet sind, werden zum Rand hin immer kleiner abgebildet, der Krümmungsgrad wird stärker. Den gleichen Regeln entspricht auch das Verhalten der Schärfentiefe.

Dieses deutliche Verbiegen von Geraden ist keine Verzeichnung im Sinne eines Fehlers. Die Bezeichnung »Fish-Eye« infor-

Canon EF 2,8/15 mm – ein Fischauge mit einem Bildwinkel von 180° über die Diagonale.

miert darüber, daß dieses Objektiv seine Motive nicht nach den Gesetzen der Zentralperspektive aufzeichnet, sondern nach den Regeln der sphärischen Perspektive.

Wird die Kamera mit diesem Objektiv bei einer Landschaftsaufnahme genau senkrecht ausgerichtet und der Horizont in die Nähe der mittleren Waagerechten gelegt, ergibt sich, wenn kein klar strukturierter Vordergrund vorhanden ist, die Wirkung eines Superweitwinkelbildes. Doch in dem Augenblick, in dem die Kamera nach vorn geneigt und der Horizont zum oberen Bildrand rutscht, erscheint das Sujet als Teil einer Kugel, etwa wie der Blick aus dem Weltraum auf die Erde. Ein erneutes Verschieben des Horizonts in die Nähe der Bildunterkante durch Schräghalten der Kamera verbiegt den Horizont in die entgegengesetzte Richtung und läßt ihn an seinen Bildkanten nach oben verlaufen.

Das Canon-Fish-Eye-EF hat eine Naheinstellung bis 20 cm. Bei dieser Angabe ist nicht der Abstand zur Frontlinse, sondern die Entfernung zur Filmebene gemeint. Als Folge dieser extremen Perspektive und des kleinen Abbildungsmaßstabes hat diese Brennweite eine extreme Schärfentiefe, so daß nicht einmal die kleinste Blende von 22 eingestellt werden muß, wenn von wenigen Zentimetern aus bis zum Horizont alles scharf erscheinen soll.

Die eingebaute Gegenlichtblende erlaubt kein normales Einschraubfilter. Deshalb besitzt das Objektiv einen speziellen Einsteckfilterhalter. Filterfolien, vorzugsweise Wratten-Filter, müssen auf das Maß 31 x 31 mm zugeschnitten und in den Filterhalter eingesteckt werden. Optisch ist es unerheblich, ob ein Filter vor dem Objektiv befestigt oder mitten im Strahlenverlauf des Objektivs untergebracht ist.

Das Objektiv liefert formatfüllende Abbildungen. Die optische Konstruktion verwendet 8 Linsen in 7 Gliedern. Die Fokussiergeschwindigkeit durch AFD (Bogenmotor) beträgt von unendlich bis 20 cm genau 0,36 Sekunden. Das kleinste Objektfeld ist 17,1 x 25,7 Zentimeter groß. Die Baulänge beläuft sich auf 62,2 mm, das Gewicht liegt bei 339 Gramm.

EF 1:2,8/14 mm: Mit diesem Superweitwinkelobjektiv knüpft Canon an alte FD-Objektiv-Traditionen an und erweitert den bisher bei 20 mm endenden Superweitwinkelbereich nach unten auf sagenhafte 14 mm.

Erstaunlich am neuen 14 mm EF Objektiv ist der USM-Motor. Canon hatte bisher für Weitwinkelbereich dem Bogenmotor den Vorzug geben, da dort die Entfernungsübertragung bei verschiedenen Entfernungsbereichen mit unterschiedlichen Wirkungsgraden arbeiten konnte, um so beispielsweise im Nahbereich die Entfernung möglichst fein zu gestalten. Wenn man bisher das 20-35 mm-Zoom schon als schnell beim AF-Einstellen bezeichnet, muß man beim 14er zum Superlativ »extrem schnell« greifen.

Mit einem USM-Antrieb für besonders schnelle und leise Scharfstellung ist das Canon EF 2.8/14 mm superweitwinkelobjektiv ausgestattet.

Das Superweitwinkel zeigt eine erstaunlich geringe Vignettierung, ganz ohne geht es in diesem Brennweitenbereich jedoch nicht. Auch die typische Verzeichnung ist dank der außergewöhnlichen Optikkonstruktion sehr gering. Obwohl die Konstruktion im Prinzip auf dem Canon FD-14-mm-Objektiv beruht, wurde es optisch völlig überarbeitet. Die zweite der dreizehn Linsen in zehn Gliedern ist eine asphärische Linse, die besonders den Verzeichnungen am Rand entgegenwirken kann. Astigmatismus, der sich besonders bei kurzen Einstellentfernungen störend bemerkbar macht, wird mit Hilfe der Innenfokussierung neutralisiert. Dabei verändert sich der Abstand zwischen der Frontlinse und dem Fokussierglied mit der Einstellentfernung. Statt einer echten Gegenlichtblende findet man an diesem Objektiv eine Stummel-Gegenlichtblende, die aus drei kleinen Flächen besteht, die gleichzeitig als Frontlinsenschutz dienen, denn zu groß wäre sonst die Gefahr des Verkratzens der großen nach vorn gewölbten Frontlinse. Eine Besonderheit ist die Möglichkeit, Folienfilter in den Strahlengang einsetzen zu können, den sonst üblichen und meist überflüssigen eingebauten Filterrevolver gibt es nicht. Das Canon 14er-Superweitwinkel läßt sich außergewöhnlich effektvoll nutzen. Vor allem wenn bei 25 cm Aufnahmedistanz ein Abbildungsmaßstab von 1:10 erzielt wird. Oder: Wenn die Nahpunkteinstellung und damit die Schärfentiefe optimal genutzt wurde, so daß ein über den gesamten Einstellbereich scharfes Bild entsteht.

Das Objektiv hat einen Frontlinsendurchmesser von 77 mm und eine Baulänge von 89 mm. Seine kleinste Blende beträgt 22. Das 560 Gramm schwere Objektiv, das etwas über 4000 Mark kosten wird, besitzt – wie all die mit dem Micro-Ultraschallmotoren ausgerüsteten Objektive – keinen Umschaltknopf für manuelles Fokussieren mehr. Stattdessen sind alle mit einem neuen mechanischen System zur manuellen Fokussierung ausgerüstet, sodaß selbst bei AF-Betrieb jederzeit manuell eingegriffen werden kann.

Canon EF 2,8/24 mm und Canon EF 2,8/28 mm: Beide Objektivkonstruktionen haben sich in FD-Ausführung schon bewährt und wurden für den EOS-Einsatz auf den neuesten, technischen Stand gebracht. Dabei ist bemerkenswert, daß das 24er seine optimale Korrektur bereits bei vier Meter aufweist, da die Konstrukteure davon ausgehen, daß der Unendlichbereich in den meisten Fällen

Canon EF 2.8/24 mm und EF 2.8/28 mm: Zwei spezialisten für große Bildwinkel, die sich optimal für Repüortafe, Landschaft und Innenaufnahmen eignen.

über die Schärfentiefe und selten durch direkte Einstellung scharf wird. Der Nahbereich, durch »floating elements« von guter Abbildungsleistung, reicht beim 24er bis 25 cm und beim 28er bis 30 cm. Diese zwei Festbrennweiten haben zwar durch die Zoomobjektive etwas an Bedeutung verloren, werden aber oft aus Gewichtsgründen oder finanziellen Überlegungen als eine sinnvolle Alternative im Objektivprogramm angesehen. Meist ist es eine Frage der fotografischen Mentalität, ob ein 24er oder 28er die sinnvollere Lösung ist.

Für das Superweitwinkelobjektiv EF 1:2,8/24 mm verwendet Canon in der optischen Konstruktion 10 freistehende Linsen, eine davon asphärisch zur Erhöhung der Abbildungsleistung speziell bei kurzer Entfernungseinstellung, die einen Bildwinkel von 84° auszeichen. Bei kürzester Entfernungseinstellung ergibt das ein 18,5 x 27,7 Zentimeter großes Aufnahmefeld. Die Fokussiergeschwindigkeit beträgt 0,44 Sekunden. Das Superweitwinkelobjektiv ist 48,5 mm groß und wiegt nur 270 Gramm.

Dabei besteht das Canon EF 1:2,8/28 mm aus fünf freistehenden Linsen. Eine davon ist asphärisch und für bessere Abbildungsleistung speziell bei geringen Entfernungen zuständig. Bei einem Bildwinkel von 75° und 30 cm Aufnahmedistanz beträgt die kleinste Objektfeldgröße 18,5 x 22,7 cm. Der Bogenmotor stellt innerhalb von 0,44 Sekunden von unendlich auf die Minimaldistanz. Bei 42,5 cm Baulänge wiegt das Objektiv gerade 185 Gramm.

Weitwinkel-Zoomobjektive

Die auf den ersten Blick verwirrende Vielfalt von Zoomobjektiven, die im Weitwinkelbereich beginnen und sich teilweise ein schönes Stück vom Telebereich erobern, zeigt, welche Bedeutung Canon diesem Bereich beimißt und macht ein wenig die Systemphilosophie sichtbar. In diesem Feld befinden sich alle drei der zu Beginn des Optik-Kapitels skizzierten Qualitätsgruppen. Wie groß der Qualitäts- und Preisunterschied ist, der von wenigen hundert Mark bis zu einigen tausend reicht, soll hier etwas deutlicher gemacht werden.

Die Veränderung der Brennweite wird bei den EF-Zoomobjektiven auf zwei verschiedenen Wegen erreicht. Es gibt Dreh- und Schiebezooms.

Mit einem Drehring zur Brennweitenveränderung sind ausgerüstet:

EF 2,8/20-35 mm L
EF 3,5-4,5/20-35 mm
EF 3,5-4,5/28-70 mm II
EF 2,8-4,0/28-80 mm L USM
EF 3,5-5,6/28-80 mm USM
EF 3,5-4,5/28-105 mm
EF 3,5-4,5/35-70 mm
EF 3,5-4,5/35-70 mm A
EF 4-5,6/35-80 mm
EF 4-5,6/35-105 mm USM
EF 4,5-5,6/35-135 mm USM

Das preiswerteste Objektiv dieser Gruppe kostet weniger als 400 Mark und das L-Objektiv über 2000 Mark.

Canon hat schon sehr früh für den Bau von Zoomobjektiven ein verhältnismäßig einfaches Konstruktionsschema gefunden, das heute preiswerte Zoomobjektive möglich macht, die in Qualität und Kompaktheit überraschen. Verantwortlich dafür ist die sogenannte Zweigruppen-Bauweise. Dabei übernimmt die vordere Objektivhälfte die Verstellung der Brennweite und die Entfernungseinstellung, während die hintere Objektivhälfte als Kompensator zum Ausgleich der Fokusverschiebung mit der Brennweite fungiert. Die Vorteile: Frontglieder bleiben relativ klein. Die Korrektion der Bildfehler ist leichter als bei Zoomobjektiven in Viergruppen-Bauweise. Bei den kurzen Brennweiten treten kaum noch tonnenförmige Verzeichnungen auf. Einziger Nachteil: Es sind damit nur relativ kleine Brennweitenbereiche zu erfassen. In diese Kategorie fallen die Zoomobjektive mit Drehring: EF 3,5-4,5/35-70 mm und das gleiche Objektiv als preiswerte A-Ausführung. Das EF 3,5-4,5/28-70 mm II hat zur Korrektur des größeren Brennweitenbereichs eine asphärische Linse erhalten.

Dort, wo längere Einstellwege wie etwa im Telebereich vorhanden sind, kann die Veränderung der Brennweite durch Verschieben eines Einstellrings erfolgen. Im Canon-EF-Programm sind das die älteren Versionen der Zooms:

Canon EF 3,5-4,5/35-105 mm und
Canon EF 3,5-4,5/35-135 mm.

Der Vollständigkeit halber soll hier noch eine dritte Art der Brennweitenveränderung angesprochen werden, nämlich die motorische Einstellung, wie sie beim Canon EF 4-5,6/35-80 mm zum Einsatz kommt, das speziell für die EOS 700 entwickelt wurde und auch nur als Bestandteil des EOS 700-Sets erhältlich war.

Von der 35-mm-Weitwinkelbrennweite bis zur 105-mm-Teleeinstellung verändert sich das Motiv vom gleichen Standpunkt aus betrachtet um den Faktor 3, bei einem 35 bis 135 mm-Zoom sogar um 3,8. Das ermöglicht mit nur einem Objektiv Portätaufnahmen im Telebereich sowie Aufnahmen der ganzen Person bei Weitwinkeleinstellung. Ganz bewußt wurde zuerst das Porträt erwähnt. Die Praxis hat gezeigt, daß es sinnvoll ist, jedes Zoomobjektiv stets zuerst auf die größte Brennweite einzustellen. Sobald man die Kamera ans Auge nimmt und das Sucherbild scharf wird, hat man auch die größtmögliche Abbildung. Bei Schnappschußsituationen sollte man sofort auslösen, um dann in Ruhe den Bildwinkel zu verändern und zu schauen, ob es einen besseren Bildausschnitt ergibt. Das wird verhältnismäßig selten der Fall sein und dann auch häufig erst am anderen Ende des Brennweitenbereichs. Beim Verkürzen der Brennweite wird nur in Ausnahmefällen die Entfernung nachgestellt werden, bei umgekehrter Arbeitsweise kommt das häufiger vor.

Für viele Motive, insbesondere auf Reisen oder immer dann, wenn man keine zusätzlichen Objektive mitnehmen möchte, ist ein Brennweitenbereich von 35-105 oder sogar 135 mm ideal, und das für gut 90 Prozent aller Aufnahmesituationen. Das bedeutet ferner, daß man seine Motive mit einem einzigen Objektiv nicht nur in gewünschter Abbildungsgröße erhält, sondern auch die Chance hat, mit der Brennweite zu gestalten.

Der Weitwinkelbereich liefert in der Landschaft einen erklärenden Überblick, bringt größere Personengruppen gemeinsam auf ein Bild und hilft bei Innenaufnahmen beengte räumliche Situationen zu lösen.

Ein Brennweitenbereich zwischen 80 und 100 mm liefert vom gleichen Standpunkt schon doppelte Motivgröße. Deshalb ist das der ideale Brennweitenbereich für Personenaufnahmen und Schnappschußsituationen auf Festen, bei sportlichen Aktivitäten oder für Bilder von Kindern und Haustieren. In der Landschaftsfotografie erhält man damit Fotos, die in der Perspektive recht neutral wirken, durch ihre leichte Telewirkung aber dafür sorgen, daß der Bildausschnitt nicht überladen wirkt. Alles in allem: ein universeller Brennweitenbereich.

Fast alle Zoomobjektive haben eine sogenannte Makro-Einstellung. Doch das ist kein Ersatz für ein Makro-Objektiv, denn hier wird nur von der Schärfe der Bildmitte gelebt und deshalb ist ausreichendes Abblenden notwendig. Die Autofokuseinstellung funktioniert auch hier und kann in einem gesonderten eigenen Einstellbereich von Makro bis unendlich gehen. Die scheinbar reduzierte Entfernungseinstellung ist dagegen der echte Arbeitsbereich des Objektivs und sollte stets eingestellt sein, schon allein aus dem Grund, unnötige Einstellwege zu verhindern.

Objektiv	**Nahgrenze**	**Makro-Einstellung**
EF 3,5-4,5/28-70 mm II	0,5 m	0,39 m
EF 2,8-4,0/28-80 mm L	0,75	0,50 m
EF 3,5-4,5/35-70 mm	0,5 m	0,39 m
EF 3,5/35-105 mm	0,75 m	0,50 m
EF 3,5-4,5/35-105 mm	1,2 m	0,95 m
EF 3,5-4,5/35-135 mm	1,5 m	0,95 und 0,75 m

Die Angabe für die Naheinstellung ist für diese Objektivberechnung die kürzeste Einstellentfernung und von dort bis unendlich reicht der »normale« Autofokusbereich.

Wenn man stets so fotografiert, daß die Objektivleistung im Bild voll erkennbar wird, dann ist auch der Qualitätsunterschied zwischen L-Objektiven und einfachen Zoomkonstruktionen nicht nur in Grenzbereichen erkennbar. Wird dagegen nur nach dem Motto fotografiert »Wenn die Sonne lacht, nehm' ich Blende acht«, kommt man sehr gut mit der preislich günstigsten Lösung zurecht.

Wer ein Topmodell der EOS-Kameraserie, wie die EOS 500, EOS 5 oder EOS 1 besitzt und nur mit dem preiswertesten Objektiv, einem kleinen Zoom mit Zusatzbezeichnung A (für Automatik, ohne Umschalten auf M) und Lichtstärke 1:3,5 bis 1:4,5 fotografiert, sollte sich wirklich überlegen, ob er nicht doch lieber ein besseres Objektiv kauft.

Canon EF 3,5-4,5/20-35 mm USM: Seit mehr als fünf Jahren gibt es bei Canon schon ein Objektiv mit diesem Brennweitenbereich in Profi-Qualität und zum Profi-Preis (siehe unten). Das 20-35-mm-Superweitwinkelzoom-Objektiv mit einer größten Blendenöffnung von 1:3,5 bis 4,5 ist jeoch ein qualitativ überraschend gutes Objektiv zu bezahlbaren Preisen.

Gerade im Bereich der Superweitwinkelzooms können Verzerrungen zum Problem werden. Durch den Einsatz von durchgehend sphärischen Elementen hat Canon diese Schwierigkeiten hier deutlich minimiert und eine hohe Auflösung bei nur geringer Verzeichnung an den Bildrändern erreicht. Zusätzlich werden durch eine Art Blende innen Randstrahlenbereiche und Streulicht abgeblockt, die sonst den Kontrast und damit die Motivwiedergabe beeinträchtigen können.

Das Objektiv arbeitet mit dem neuen Ultraschallmotor, der auch sofortiges manuelles Fokussieren erlaubt. Die Mindestdistanz beträgt 0,34 m.

Das Objektiv besteht aus 12 Elementen in 11 Gruppen und arbeitet mit Innenfokussierung. Das bedeutet, daß sich die Frontlinse nicht mehr dreht, Filter mit 77 mm Durchmesser verwendet werden können und damit auch im extremen Superweitwinkelbereich den Einsatz eines Polfilters erlauben. Eine Gegenlichtblende sollte stets – wie bei allen anderen Objektiven auch – Verwendung finden, doch ist das nicht besonders sinnvoll.

Canon EF 2,8/20-35 mm L: Dieses Zoom der Spitzenklasse deckt den gesamten Weitwinkelbereich ab. Es besitzt die hohe Lichtstärke von 1:2,8 über den gesamten Brennweitenbereich. Innenfokussierung und der Einsatz einer asphärischen Linse sowie eines »Floating elements«-Systems garantieren eine scharfe Abbildung bei jeder Aufnahmeentfernung und Brennweite. 15 Lin-

Ein optimales Objektiv für Innenaufnahmen und Reportage, das Canon EF 2,8/20-35 mm L. Es verbindet konstant hohe Lichtstärke mit großem Brennweitenbereich.

senelemente in 12 Gliedern liefern einen diagonalen Bildwinkel von 94° bis 63° (vertikal 62° bis 38° und horizontal 84° bis 54°). Die Entfernungseinstellung reicht von unendlich bis 50 cm. Die Brennweitenverstellung des Objektivs erfolgt durch Drehen eines Einstellrings. Damit verbunden ist eine große Einstellübersetzung, die zentimetergenaues Einstellen im sonst so schwierigen Superweitwinkelbereich ermöglicht. Das ist auch einer der technischen Gründe, warum kein Ultraschall-, sondern ein Bogen-Motor eingebaut wurde. Wenn dieses oder das vorher beschriebene Objektiv an der EOS 500 verwendet wird, muß man darauf achten, die Kamera stets perfekt auszurichten, so daß Senkrechten senkrecht bleiben und Waagerechten nicht schief im Bild erscheinen.

Stürzende Linien sind natürlich kein Objektivfehler, genauso wenig wie die bei 20 mm auftretende Erscheinung, am Bildrand kugel- oder kreisförmige Objekte als Ellipsoide wiederzugeben. Aus gleichem Grunde sollten bei Superweitwinkeleinstellung niemals Personen am Bildrand erscheinen. Muß man wegen räumlicher Schwierigkeiten doch einmal bei einem Gruppenbild zu diesem oder einem anderen Superweitwinkelobjektiv greifen, ist zu beachten, daß Personen, die am rechten und linken Rand der Gruppe stehen, mindestens einen Meter weiter hinten stehen als die Personen in der Bildmitte.

Dieses superweitwinkeltypische »viel mehr Motiv im Bild haben« macht manchem Fotografen Kummer, besonders wenn er sich vom stets überwältigenden Sucherbild anstecken läßt und daher nicht jedem einzelnen Bilddetail die notwendige Aufmerksamkeit schenkt. Die Charakteristik dieser Objektive liegt darin, daß sie eine extreme Raumwirkung haben. Wenn man erfolgreiche Superweitwinkelbilder analysiert, wird man feststellen, daß stets der Vordergrund, noch besser der Nahbereich, die Qualität des Bildes bestimmt. Wenn der Fotograf allen Entfernungsebenen (etwa 1 m, 3 m, 5-7 m und unendlich) und ihrer perspektivischen Wirkung genügend Aufmerksamkeit schenkt, dann kann dieser Brennweitenbereich in allen fotografischen Bereichen überraschende Bilderfolge liefern. Ein Denken in verschiedenen Bildebenen ist der Grundstein für den Erfolg mit Superweitwinkelbildern.

Im 24-mm-Bereich hat man zwar noch diese starke Perspektiv- und Raumwirkung, aber ohne die deutliche Motivverbreiterung am Bildrand und die extreme Betonung des Vordergrundes. Dieser Brennweitenbereich ist für Landschaftsbilder gleich gut geeignet wie für Innenaufnahmen.

Der Bildwinkel bei einem Brennweitenbereich um 28 mm gilt bereits als »normal«, und das damit zu erzielende Aufnahmefeld wird von fast allen Blitzgeräten ausgeleuchtet. Mit etwas Überlegung und Übung läßt sich dieser Brennweitenbereich so einsetzen, daß die Weitwinkelwirkung nur von einem Fachmann bemerkt wird. Doch auch der umgekehrte Weg ist möglich. Durch geschickte Betonung des Vordergrundes läßt sich die Aufmerksamkeit auf die räumliche Tiefe lenken.

Der 35-mm-Bereich ist für manchen schon vergleichbar mit einem Standardobjektiv und nur bei wenigen Aufgabenstellungen, wie etwa im Reportage- und Porträtbereich, gibt es die typische Weitwinkelwirkung.

Bei unangenehmen Überschneidungen oder Motivüberlappungen hat man bei einem Teleobjektiv häufig Platz für eine Standortänderung von ein oder zwei Metern, im Superweitwinkelbereich sind das höchstens fünf oder zehn Zentimeter. Nur, wer dann unter körperlicher Verrenkung einmal den Idealstandpunkt gefunden hat, wird den Vorteil des Superweitwinkel-Zoomobjektivs sofort zu schätzen wissen, einen Bildausschnitt durch leichte Brennweitenverstellung optimieren und von allem Störenden befreien zu können.

Solch ein Zoomobjektiv deckt nahezu den gesamten Weitwinkelbereich ab. Zu seiner Konstruktion waren 15 Linsen in 12 Gliedern nötig, darunter eine asphärische. Der Bildwinkel reicht von 94° bis 63°. Die kleinste Objektfeldgröße liegt zwischen 73,8 x 47,6 cm und 42,6 x 28,3 cm. Ein Infrarot-Index ist für 20, 24, 28 und 35 mm Brennweite graviert. Bei einer Länge von 79,2 mm und einem Durchmesser von 89,3 mm wiegt es nur 540 Gramm und wird in 0,3 Sekunden von unendlich bis 50 cm automatisch durch einen Bogenmotor fokussiert.

Canon EF 1:3,5-4,5/28-70 mm II: Das vielseitig einsetzbare Weitwinkelzoom besitzt einen 2,5fachen Brennweitenbereich. Für die optische Konstruktion wurden 10 Linsen in 9 Gruppen verwendet. Der Bildwinkel variiert zwischen 75° und 34°. Der Bogenmotor kann innnerhalb von 0,36 Sekunden von unendlich auf 50 cm einstellen. Das ergibt je nach Brennweite ein kleinstes Auf-

Weitwinkelzooms wie das Canon EF 3,5-4,5/28-70 mm II und das Canon EF 2,8/28-70 mm L sind optimal für die Reisefotografie, Reportage, Schnappschüsse und Innenaufnahmen geeignet.

nahmefeld, das zwischen 34,8 x 52,5 cm und 14 x 22,5 cm liegt. Bei Makro-Einstellung aus 39 cm werden diese Werte noch einmal unterschritten. Die kleinste Blende beträgt 22-29. Das Objektiv hat eine Baulänge von 75,6 cm und wiegt 285 Gramm und ist eines der preiswerteren Objektive im EOS-Programm.

Canon EF 2,8/28-70 mm L USM: Das L im Namen und die für alle Brennweiten geltende Lichtstärke 1:2,8 zeigt, daß es sich um ein Spitzenobjektiv handelt, das bei allen Aufnahmeabständen und Blendeneinstellungen stets bestmögliche Resultate liefern kann. Das bedeutet etwa, das die Verzeichnung so minimal wie bei feststehenden Brennweiten ist. Außerdem bleibt während des Fokussierens mit dem ringförmigen Ultraschall-Motor die Frontlinse des Objektivs feststehend. Dadurch brauchen Pol-, Verlauf- und Effektfilter nicht nachgestellt werden. Der Filterdurchmesser beträgt jedoch wegen der großen Lichtstärke 77 mm und in der AF-Betriebsart kann, wie bei allen anderen Canon Objektiven auch, jeweils nur ein Filter eingesetzt werden.

Das Objektiv hat einen Einstellbereich von 70 cm bis unendlich und eine Makroeinstellung bei 50 Zentimeter. Im Weitwinkelbereich beträgt das Aufnahmefeld dann kaum 30 x 45 Zentimeter und ist bei Teleeinstellung genau 13,3 x 19,8 Zentimeter klein.

16 Linsen in 11 Gruppen und davon das vordere Element als asphärische Linse tragen nicht unwesentlich zum Gewicht von 880 Gramm bei. Das Objektiv hat einen Durchmesser von 83,2 mm und ist bei Einstellung auf unendlich genau 117,6 mm lang. Ein breiter gummierter Zoomring erlaubt millimetergenaues Einstellen und zeigt einmal mehr, daß dieses Objektiv für Qualitätsfanatiker in des Wortes positiver Bedeutung sowie für professionelle Fotografie gedacht und sicher eine große Konkurrenz für das 28-80 L USM ist.

Canon EF 3,5-5,6/28-80 mm USM: Dieses Zoom, das zu einem Standardobjektiv im Zoombereich geworden ist, zeigt Canons leicht korrigierte Grundkonzeption des EOS-Systems. Die verbesserte USM-Technologie mit jederzeitigem manuell möglichem Umgreifen und einem USM-Motor für Großserien ermöglichen Canon, die Vorteile dieses AF-Einstellsystems in alle EF-Objektive zu integrieren. In Verbindung mit einer neuartigen Technik, die

Innenaufnahmen, Landschaft, Reportage und Porträt sind die Stärken des Canon EF 2,8-4,0/28-80 mm L USM Zoomobjektivs. Von dem etwas weniger lichtstarken, Modell Canon EF 3,5-5,6/28-80 mm II USM gibt es auch noch eine ältere Version.

für Hobby-Zwecke die optische Korrektur durch asphärische Linsen ermöglicht, werden selbst preiswerte Objektive in der Qualität deutlich verbessert. Eine asphärische Linse ist in diesem Objektiv vorhanden, erstmalig in einer Serienproduktion eine »asphärische Replica-Linse«, die durch Aufschmelzen einer UV-gehärteten Kunststoffschicht mit asphärischer Oberfläche auf eine sphärische Glaslinse entstand. Weitere technische Raffinesse dieses Objektivs ist eine eingebaute Streulichtblende, die zwischen dem zweiten und dritten Linsenglied bewegt wird, um im gesamten Brennweitenbereich vagabundierendes Licht, eben Streulicht, zu unterdrücken. Das alles sorgt dafür, daß dieses Zoomobjektiv, das preislich unter 500 Mark liegt, erstaunlich viel Qualität liefert. Die Aufnahmen zeigen so beispielsweise deutlich weniger Vignettierung, als sonst in dieser Qualitätskategorie üblich, und eine sehr gute Schärfe. Der optische Aufbau besteht aus 10 Linsen in neun Gliedern und es hat bei einer Baulänge von 77,5 mm einen maximalen Durchmesser von 72 mm. Die kleinste Blende beträgt je nach Brennweite 22 bis 38. Der Filterdurchmesser beläuft sich auf 58 mm. Und das ganze Zoom wiegt 330 Gramm.

Canon EF 3,5-5,6/28-80 mm II USM: Das gerade beschriebene und erst 1991 auf den Markt gekommene 28-80er wurde für die EOS 500 noch einmal überarbeitet. Es ist dabei noch einmal um fast einen Zentimeter kürzer geworden. Das ist besonders vorteilhaft für den eingebauten Blitz, der so in allen Aufnahmebereichen eingesetzt werden kann, ohne daß es zu Abschattungen durch das Objektiv kommt. Deshalb sollte auch die zuätzlich zu erhaltende Gegenlichtblende (EW-60 C) nur bei Aufnahmen ohne Blitz oder bei größeren Aufnahmeentfernungen genutzt werden. Auch bei diesem Objektiv wurde die Aufgabe der Gegenlichtblende, vagabundierendes Streulicht zu verhindern, einer vor dem letzten Linsensystem eingebauten Streulichtblende übertragen. Zwei asphärische Linsen sorgen für optimale Bildqualität und ermöglichten, die Linsenanzahl des alten Objektivs noch einmal zu verringern.

Das Objektiv hat eine Naheinstellgrenze bei 38 Zentimeter und das Aufnahmefeld entspricht dann etwa der Größe einer Postkarte (A-6). Bemerkenswert ist außerdem, daß Filter mit 58 mm-Canon-Standard-Durchmesser zu verwenden sind. Mit seiner Baugröße von 68,5 Zentimeter und genau 200 Gramm Gewicht ist das EF 28-80 II USM das ideale Standardobjektiv für die EOS 500.

Canon EF 1:2,8-4/28-80 mm L USM: Ein weiterer optischer Leckerbissen unter den Weitwinkel-Zoomobjektiven ist zweifellos das lichtstarke Canon EF 2,8-4,0/28-80 mm L USM, dessen Brennweitenverstellung durch einen Drehring vorgenommen wird. Die Zoomobjektive mit Schiebering sind zwar bei vielen Fotografen beliebt, doch wenn außergewöhnliche Objektive auf den Markt kamen, waren das häufig – unabhängig vom Hersteller – Zoomobjektive mit einem Drehring zum Verstellen der Brennweite. Wenn es nur sehr kurze Wege gibt, um diese Verstellung durchzuführen, hat der Drehring erhebliche Vorteile. Durch die Möglichkeit unterschiedlicher Einstell-Übersetzungen, und das unabhängig von optischen Konstruktionsprinzipien, kann der Weg des Verschiebens verlängert und somit die Genauigkeit der Einstellung wesentlich verbessert werden. Das ist beim Canon EF 2,8-4,0/28-80 mm L der Fall.

Zwei asphärische Linsen liefern eine erstaunliche Abbildungsleistung über den gesamten Brennweitenbereich. Der optische

Aufbau besteht aus 15 Linsen in 11 Gliedern. Der Bildwinkel variiert zwischen 75° und 30°. In nur einer Sekunde wird von unendlich auf 75 Zentimeter fokussiert. Das kleinste Aufnahmefeld liegt je nach eingestellter Brennweite zwischen 53,3 x 80 cm und 20 x 30 cm und entspricht etwa der Größe eines DIN A4-Blatts. Im Makrobereich bei 50 cm Entfernung liegt die minimale Objektfeldgröße zwischen 32 x 48 cm und 12 x 18 cm. Das ganze Objektiv ist knapp 12 cm lang. Es wiegt 945 Gramm.

Canon EF 1:3.5-4.5/28-105mm USM: Dieses Objektiv ist das kleinste und leichteste seiner Klasse. Der große Brennweitenbereich deckt einen Großteil fotografischer Aufg aben, vor allem in der Reise-, Schnappschuß- und Reportage-Fotografie ab. Es verwendet ein Fünfgruppen-Zoomsystem, bei dem sich jede Gruppe einzeln bei der Zoomverstellung bewegt. Dadurch konnte ein hoher Kontrast über den gesamten Zoombereich erhalten und das extrem geringe Gewicht erzielt werden. Die Scharfstellung erfolgt über zwei Gruppen durch Innenfokussierung, dadurch ist eine schnelle und leise Scharfstellung gewährleistet. Die kürzeste Aufnahmedistanz liegt bei 50cm. Der USM-Antrieb erlaubt manuelle Eingriffe bei der Scharfstellung ohne Umstellung. Die optische Konstruktion verwendet 15 Linsen in 12 Gruppen. Die Filtergröße ist 52 mm. Das Objektiv wiegt insgesamt nur 365 Gramm.

Canon EF 1:3,5/35-70 mm: Dieses Zoomobjektiv im Standardbereich von 35-70 mm ist besonders leicht und kompakt. Es besitzt einen optischen Aufbau aus 9 Linsen in 8 Gruppen. Der Bildwinkel liegt zwischen 63° und 34°. Der Bogenmotor kann in 0,41 Sekunden die ganze Einstellstrecke von unendlich bis 50 cm durchfahren. Bei 50 cm Abstand liegt die Größe des Aufnahmefeldes zwischen 29,6 x 44,4 cm und 16 x 24 cm. Im Makro-Bereich aus 39 cm Distanz betragen die Werte 22 x 33 cm bis 12 x 18 cm. Das Zoom ist kaum 63 mm lang und wiegt nur 245 Gramm. Die Daten für das zweite Objektiv mit der Zusatzbezeichnung A sind identisch, nur entfällt hier die manuelle Einstellmöglichkeit. Dadurch verringert sich auch noch einmal das Gewicht um 15 Gramm auf 230 g.

Canon EF 4-5,6/35-80 mm: Dieses Objektiv war und ist das Standardobjektiv für die EOS 700 und hatte nur einen einzigen Motor

Canon Zoom EF 3,5-4,5/35-70 mm A

Canon Zoom EF 3,5-4,5/35-70 mm

Canon Power Zoom EF 4-5,6/35-80 mm

Canon Zoom EF 4-5,6/35-80 mm II

Canon Zoom EF 4,5-5,6/35-80 mm USM

Canon Zoom EF 3,5-4,5/35-105 mm

Canon Zoom EF 4,5-5,6/35-105 mm

Canon Zoom EF 4,5-5,6/35-105 mm USM

Canon Zoom EF 4,5-5,6/35-105 mm USM

Canon Zoom EF 3,5-5,6/35-350 mm L USM

für die AF- und Zoomfunktion. Es ist ausschließlich automatisches Fokussieren möglich und zwar mit Hilfe eines Bogenmotors. In kaum 0,25 Sekunden erfolgt die Einstellung von unendlich bis 0,5 Meter. Das Zoomen geht etwas langsamer, und zwar in 2 Sekunden wird der ganze Brennweitenbereich durchfahren. Das Objektiv hat einen optischen Aufbau aus 7 freistehenden Linsen, eine davon ist asphärisch. Mit 72 mm Baulänge, einem Durchmesser von 68 mm und bei einem Gewicht von 205 Gramm war es eines der ersten Leichtgewichte und wurde lange Zeit nur im Set mit der EOS 700 geliefert.

Canon EF 4-5,6/35-80 mm: Der bei der EOS 700 erstmals vorgestellte Brennweitenbereich von 35 bis 80 Millimeter wurde mit diesem Objektiv allen EOS-Modellen zugänglich. Die Scharfeinstellung erfolgt durch einen Micro-Motor und die Naheinstellung liegt bei 37 cm. Das Objektiv wiegt 180 Gramm und hat schon einen Nachfolger gefunden.

Canon EF 1:4,5- 5,6/35-105 mm: Die optische Konstruktion des Dreifachzooms besteht aus 11 Linsen in 12 Gliedern inklusive einer asphärischen Linse. Der Bildwinkel ist wählbar zwischen 63° und 23°30'. Der elliptische Mikromotor braucht nur 0,3 Sekunden um von unendlich auf die Naheinstellgrenze von 0,85 m zu fahren. In der Teleeinstellung beträgt das kleinste Objektfeld 150 x 224 mm. Der Filterdurchmesser beträgt 58 mm. Das Objektiv wiegt nur 280 Gramm. Das frühere Schiebezoom EF 3,5-4,5/35-105 mm hat Canon inzwischen aus dem Programm genommen. Es wog 400 Gramm.

Canon EF 4,5-5,6/35-105mm USM: Noch kleiner als das oben beschriebene Objektiv des gleichen Brennweitenbereichs ist die Version mit Ultraschallantrieb. Es hat eine Baulänge von nur 63 mm und einen Filterdurchmesser von 58 mm. Es wiegt ebenfalls nur 280 Gramm und die Naheinstellgrenze liegt wie beim Vorgänger bei 0,85 m. Die geringere Baulänge wurde durch neue Plazierung und veränderte Konstruktion der Einstellelemente erzielt. Außerdem wurden neue Glassorten verwendet. Der Blendenmotor konnte ebenfalls um 2,1 mm kleiner werden. Für die optische Konstruktion verwendete man 13 Linsen in 12 Gruppen.

Canon EF 4-5,6/35-80 mm USM: Der neue Micro-Ultraschallmotor sorgt bei sonst fast identischen Objektivdaten für schnelleres und leises Fokussieren. Es ist ein Drehzoom, das einen Bildwinkel von 63° bis 30° aufweist. Acht Linsenelemente in acht Gruppen sorgen für die optische Qualität des 65 mm kurzen Objektivs, das 10 Gramm leichter ist als die erste Version und somit 170 Gramm wiegt. Der zweite Unterschied ist, daß die Naheinstellgrenze bei 38 cm statt bei 37 cm liegt.

Canon EF 1:4,5-5,6/35-135 mm USM: Das Dreifachzoom ist für viele zum Standard-Zoom geworden, da es besonders kompakt und leicht gebaut ist. Die optische Konstruktion besteht aus 14 Linsen in 12 Gruppen. Dazu gehört auch eine asphärische (gepreßte) Linse. Schnelle Innenfokussierung ermöglicht eine Entfernungseinstellung von unendlich bis 1 m in nur 0,5 Sekunden. Manuelles Fokussieren ohne Abschalten von AF ist ebenfalls möglich. Wie bei den anderen Objektiven der neuesten Generation wird die Entfernung bzw. der Abbildungmaßstab zum Kameracomputer gemeldet, wodurch sich Betriebsarten wie Nah- oder Porträtprogramme im automatischen Ablauf steuern lassen. Die kleinsten Objektfeldgrößen betragen 61,8 x 92,7 cm bis 21,3 x 32 cm aus 1 m Entfernung. Bei der um den Faktor 0,25 reduzierten Entfernung in der Makroeinstellung verändern sich die Größen des Aufnahmefeldes ebenfalls um den gleichen Faktor. Das Zoom ist keine 9 cm lang und wiegt gerade 425 Gramm. Der Vorgänger dieses Modells hatte noch keinen Ultrasschallmotor.

Canon EF 1:3,5-5,6/35-350 mm L USM: Das Superzoomobjektiv besitzt den größten Brennweitenbereich im Canon Zoomprogramm überhaupt. Es reicht vom Weitwinkel- bis in den Supertelebereich hinein. Möglich wurde dies durch den eigenen Einstellcomputer im Objektiv und eine Mehrgruppenbauweise aus sechs Linsengruppen. Davon bewegen sich beim Zoomen insgesamt fünf. Doch sind die Einstellwege sehr klein geworden, da jede Linsengruppe mit optimaler Brechnungskraft ausgestattet wurde. Die Scharfeinstellung erfolgt über ein Retro-Fokussiersystem, für dessen ruhigen und schnellen Antrieb ein Ultraschallmotor sorgt. Der stellt im Weitwinkelbereich bis 0,67 m scharf. Im größten Telebereich ist die Naheinstellgrenze 2,2 m. Das ergibt als kleinstes Aufnahmefeld eine Fläche von 165 x 247 mm.

Mittlere Telebrennweiten

Canon EF 1:1,2/85 mm L USM: Das lichtstarke Tele ist keine zehn Zentimeter lang aber gut ein Kilogramm schwer. Es liegt zusammen mit jeder EOS hervorragend in der Hand, so daß jeder Bildjournalist versucht ist, damit auch noch 1/30 Sekunde ohne Stativ und mit offener Blende zu fotografieren. Das Fokussieren ist durch den Ultraschallmotor nahezu lautlos. Das Sucherbild erscheint durch die hohe Lichtstärke von 1:1,2 extrem hell und leuchtend. Dieses Objektiv wird, auch wenn es das Vielfache eines EOS-500-Gehäuses kostet, manchen Anhänger finden und für einige Qualitätsfanatiker sicher das persönliche »Standard«-Objektiv werden.

Eine asphärische Linse sorgt dafür, daß die Blende 1,2 keine Renommier-Blende ist, sondern Leistung bringt, wie es ein Profi erwartet. Von der Objektivcharakteristik her ist es sicher vielen Fotografen sofort sympathisch. Es zählt zwar schon zu den langbrennweitigen Objektiven, doch es liefert weder eine Stauchung der Linearperspektive noch eine auffällige, räumliche Raffung der Tiefe. Es ist also bestens für normalperspektivische Darstellungen geeignet und hat zusätzlich den Vorteil des etwas kleineren Aufnahmefeldes gegenüber der Normalbrennweite. Der Abbildungsmaßstab wird ihm gegenüber um den Faktor 1,7 vergößert. Das ist ein sehr angenehmes Verhältnis für Porträt, Landschaft und Reportage. Die großen Blenden erlauben auch genaues Dosieren der Schärfentiefe, wie es etwa bei Porträtaufnahmen oder Landschaftsmotiven sinnvoll sein kann. Der Arbeitsabstand ist sowohl für Porträts ideal als auch für alle Bereiche der Reportage, sei es im Theater, Zirkus oder für Standfotos bei Film und Fernsehen.

Das ultralichtstarke Proträt-Tele besteht aus 9 Linsen in 7 Gliedern, darunter ist eine asphärische Linse. Die Konstruktion verwendet zusätzlich »Floating elements«, um hohe Abbildungsqualität bei allen Aufnahmedistanzen zu garantieren. Der Bildwinkel beträgt 28°30'. Durch den superschnellen Ultraschallmotor schafft das Objektiv den extrem langen Einstellweg von unendlich bis 0,95 m in nur 1,2 Sekunden. Manuelles Einstellen ist jederzeit möglich. Das kleinste Aufnahmefeld beträgt 22,6 x 33,9 cm. Das Objektiv ist 84 mm lang, hat einen Durchmeser von 91,5 mm und wiegt genau 1025 Gramm.

Canon EF 1:1,8/85 mm USM: Für das mehr als 1000 Gramm schwere 85er mit der fantastischen Lichtstärke von 1,2 gibt es eine fotografische Alternative, die genau 600 Gramm leichter und nur knapp eine Blende lichtschwächer ist; dabei ist 1:1,8 immer noch außerwöhnlich lichtstark. Ein nicht zu unterschätzender Vorteil der hohen Lichtstärke soll dabei noch einmal besonders betont werden: das helle Sucherbild und die ins Auge springende Einstellschärfe, die genaue Bildkontrolle ermöglicht.

Das EF 1:1,8/85 mm ist das ideale Festbrennweiten-Objektiv für alle Landschafts- und Reisebilder, für Schnappschußsituationen und natürlich für außergewöhnliche Porträts und das besonders, wenn der Fotograf nah genug herangeht, bis zu 85 Zentimer sind möglich. Wer glaubt, er kann dabei die Schärfe schneller oder präziser als der Ultraschallmotor einstellen, kann es ja versuchen, auch im AF-Modus. Neun Elemente in sieben Gruppen liefern für den Bildwinkel von 28°30′ beste fotografische Qualitäten.

Canon EF 1:2/100 mm USM: Die hohe Lichtstärke von 1:2, die auch qualitativ überzeugend in Bilder umzusetzen ist, liefert noch vernünftige Verschlußzeiten, wo Fotografen mit Zoomobjektiven längst schon das Fotografieren aufgegeben haben. Ganz gleich welches Zoom-Objektiv zum Einsatz kommt, bei 100 mm Brennweite steht dann eine Lichtstärke von 4,5 bis 5,6 zur Verfügung. Das sind dann zwischen zwei und zweieinhalb Blenden Unterschied. Wenn der Zoom-Fotograf schon 1/30 s als Belichtungszeit erreicht hat, kann mit diesem 1;2/100 mm USM-Objektiv noch freihand mit 1/120 bis 1/180 s bequem fotografiert werden – bei gleichem Motiv, gleicher Helligkeit und identischem Filmmaterial. Doch auch das Sucherbild ist um den gleichen Faktor heller. Die Qualität im Naheinstellbereich, der bei 90 cm liegt, ist überzeugend. Das Objektiv hat außerdem eine sehr gute Abbildungsleistung bei voller Öffnung und ist ideal für Landschaftsmotive und Porträts. Doch auch normale Schnappschußsituationen bei schwierigeren Lichtverhältnissen lassen sich damit meistern. Der neue USM-Motor mit manueller Einstellmöglichkeit und Innenfokussierung erlauben blitzschnelles Fokussieren über den gesamten Bereich innerhalb von 0,4 Sekunden. Wem das nicht reicht, der kann jederzeit versuchen, schneller als AF und dabei genau so scharf zu sein.

Zwei Alternativen bietet Canon mit Brennweite 85mm. Es sind das Canon EF 1,8/85mm USM (links) und das Canon EF 1,2/85mm L USM (rechts).

Das Canon EF 2/100mm USM ist optimal für die Porträtfotografie. Hervoragend für »Available Light-Fotos« aus der Distanz eignet sich das Canon EF 2,8/200mm.

Die Tubuslänge des Objektivs verändert sich nicht, was der optimalen Haltung zugute kommt. Die Frontlinse dreht sich auch nicht. Das wird jeder Landschaftsfotograf für sein Polfilter begrüßen. Bei einer Länge von knapp 75 mm und 460 Gramm Gewicht liegt es optimal in der Hand. Der Filterdurchmesser beträgt 58 mm. Die Gegenlichtblende (ET-65II) sollte immer aufgesetzt sein.

Acht Linsen in sechs Gliedern sorgen für die Schärfe. Der Bildwinkel beträgt 24°.

Canon EF 1:2,8/200 mm L: Ein Ultraschallmotor treibt die Innenfokussierung dieses lichtstarken Teleobjektivs an. Die Naheinstellgrenze liegt bei 1,5 m. Bei offener Blende ergibt sich hier ein Schärfenbereich von weniger als 2 cm. Fotografieren mit selektiver Schärfe und saubere Unschärfe sind die Vorzüge dieses Teleobjektivs. Zwei der neun Linsen des aus sieben Gruppen konstruierten optischen Systems bestehen aus UD-Glas mit anomaler Teildispersion. Sie verringern die Farbfehler und sorgen für kontrastreiche Schärfe. Allerdings handelt es sich nicht um ein echtes APO. Dazu müßten mindestens drei der Farben korrigiert sein. Doch kommt es in seiner Abbildungsleistung schon in die Nähe der »Apo«-Objektive. Die Differenz wird auch nur bei offener Blende zu entdecken sein. »Fast Apo« ist doch schon sehr gut, denn dieses »fast« ist mit weniger als 2000 Mark echt preiswert. Das echte APO – und mit eineinhalb Blenden auch deutlich lichtstärker – kostet immerhin auch fast 5000 Mark mehr.

Doch schade wäre es, wenn an dieses Objektiv nicht der Original Canon Extender – sei es 1,4x oder 2x – kommt und es so zu einem AF-USM-Objektiv mit den Daten 4/280 oder 5,6/400 mm werden läßt. Die Naheinstellgrenze liegt in beiden Fällen bei 1,5 m. Das Grundobjektiv von 200 mm liefert dabei einen größten Abbildungsmaßstab von 1:6,25. Das entspricht einem Aufnahmefeld von 152 mm x 226 mm. Durch den engen Aufnahmewinkel von diagonal 12° liefert das Objektiv besonders im näheren Aufnahmebereich eine beeindruckende Perspektive.

Das Objektiv ist nur 136 mm lang und hat einen maximalen Durchmesser von 83 mm; der Durchmesser des Filtergewindes beträgt 72 mm. Mit 820 Gramm gehört es zu den leichteren Objektiven dieser Brennweitenklasse.

Zoom-Teleobjektive

Vor wenigen Jahren wurde noch heftig diskutiert, ja lagen fotografische Weltanschauungen zwischen den Befürwortern und Gegnern von Zoomobjektiven. Die zahlreichen Qualitätsverbesserungen im Bereich der Objektive mit veränderlicher Brennweite haben das Problem auf Lichtstärke kontra Bequemlichkeit reduziert. Für Spezialaufgaben wird es stets Festbrennweiten geben, doch sonst ist der Bedienungskomfort eines Zooms auch für viele Profibereiche nicht zu verachten.

Der Vorteil, ohne Standortwechsel den gewünschten und idealen Bildausschnitt zu erhalten, ist verlockend. Allerdings vergessen viele Fotografen, daß die Relation von Vorder- und Hintergrund, aus 20 m Entfernung mit 200 mm Brennweite oder aus 8 m mit 80 mm Brennweite, doch recht unterschiedlich ist. Das sieht man nicht am Hauptmotiv, aber an der Größe und Schärfe der im Hintergrund gestaffelten Objekte sowie seiner visuellen Beziehung zum Hauptobjekt des Motivs. Viele Fotografen denken und sehen in Festbrennweiten. Sie haben den 50er, den 100er und 200er Blick. Sie wissen schon vorher, wie das Bild aussehen soll und wie die Relation von Vorder- und Hintergrund sich darstellt. Ein Zoomobjektiv erschwert diesen Lernprozeß, bietet dafür aber andere kreative Möglichkeiten, wie etwa den sogenannten Zoom-Effekt, einen radialen Wischer.

Der angenehme Bedienungskomfort hat den Brennweitenbereich von etwa 80 bis 200 mm zum beliebtesten werden lassen. Bei Canon spannt sich der Bogen noch weiter, je nach Wunsch auf der kürzeren Seite bis 50 Millimeter oder auf der Seite des Telebereichs bis 300 Millimeter.

Insgesamt zehn Zoomobjektive gibt es in dem Brennweitenbereich von 50 bis 300 Millimeter. Viermal findet man dabei ein »L« als Zusatzbezeichnung und zweimal die neuen, preiswerten USM-Objektive.

Bei den meisten Objektiven, ausgenommen das EF 2,8/80-200 mm L und die zwei neuen USM-Objektive, wird die Brennweite durch einen Schiebering verstellt.

Die Entscheidung, welches Objektiv man sich anschaffen soll, hängt von verschiedenen Anforderungen ab. Das einfachste Entscheidungskriterium ist die Qualitätsgruppe. Ein Profi wird sicher die Objektive mit dem »L« genauer anschauen, ein Hobbyfotograf diese Entscheidung auch von seinem Kontostand abhängig machen.

Schwieriger wird die Entscheidung bezüglich des Brennweitenbereichs. Der Brennweitenbereich 50-200 Millimeter ist sicher für den interessant, der mit möglichst wenigen Objektiven auskommen will. Unterstützt durch ein Weitwinkelobjektiv kann er den gesamten Bereich von 24 oder 28 bis 200 mm mit zwei Objektiven überbrücken. Der Naheinstellbereich von 1,25 m bei Einstellung auf 200 mm kann auch schon einen Schmetterling in überzeugender Größe einfangen, denn bei 200 mm ist die Größe des Objektfeldes 13,3 x 20 cm. Eine spezielle Makro-Einstellung liefert aus 1,2 m Entfernung ein Aufnahmefeld, das bei 200 mm kaum größer als eine Postkarte und bei 50 mm noch etwa 40 x 60 cm klein ist. Der Einsatz der offenen Blende sollte bei Makroeinstellung vermieden werden. Ein Abblenden um mindestens zwei Blenden ist zu empfehlen. Die Art der »Makro-Einstellung« bei den Telezooms ist ein technisches Nebenprodukt der Objektivkonstruktion, die sich aber auch mit Autofokus nutzen läßt. Damit aber nicht jedesmal die Schärfe von unendlich bis zum Nahbereich gesucht werden soll, da das unnötig viel Zeit kostet, gibt es zwei Fokussierbereiche. Einmal den »normalen« von der Naheinstellung – zwischen 2 m, 1,8 m, 1,5 m und 1,2 m – bis unendlich und einmal den erweiterten von Makro (meist bei 1,5 m, selten bei 0,5 m) bis unendlich.

Das Gewicht ist mit etwa 500 bis 700 Gramm akzeptabel, bequem zu tragen und zu halten. Einziger Nachteil nach Ansicht von Fotografen, die gern auf den besonders fotogenen Grenzbereich des Lichts hinweisen, die Lichtstärke. Für 50 mm Brennweite ist sie mit 1:3,5 alles andere als berauschend, für 200 mm mit 1:4,5 gerade ausreichend. Eine Ausnahme ist das Canon-Zoom EF 2,8/80-200 mm.

Wer ein Standardobjektiv hat, das mit 1:1,8/50 mm eine größte Blende aufweist, die den Namen Lichtstärke im wahrsten Sinne des Wortes schon verdient, wird, wenn er nur auf seinen Geldbeutel schaut, das 4,5/100-200-mm-A-Objektiv anschaffen. Der Fotograf, der sich nicht scheut, hin und wieder einmal sein Stativ aufzubauen und dafür die Zeit und Geduld hat, findet im erweiten Brennweitenbereich des EF 5,6/100-300 mm oder des 4,5-5,6/100-300 mm USM ein ideales Objektiv. Auch die Naheinstellung von 1,5 m bei einem 6x größeren Abbildungsmaßstab

– A –

Seite 129:
Eine mittlere Telebrennweite wurde hier bei offener Blende eingesetzt. Dadurch verschwindet der Hintergrund in Unschärfe und das Hauptmotiv setzt sich deutlich gegen ihn ab.

– B –

Seite 130:
Der rasche Wechsel vom Porträt der Bäuerin auf das Reisfeld oder umgekehrt ist nur mit einem Tele-Wide-Zoomobjektiv möglich.

– C –

Seite 131:
Auch hier wurde von der Übersichtsaufnahme durch Zoomen auf das Detail, die Blüte, gewechselt. Verwendet wurde ein Telezoom mit 80-200 mm Brennweite.

– D –

Seite 132:
Eine Telebrennweite um 200 mm raffte hier die Perspektive, so daß die Wolkenkratzer direkt hinter den Booten zu stehen scheinen.

– B –

– C –

– D –

– E –

– F –

5

– H –

– E –

Seite 133:
Das weiße Gebäude vor dem tiefblauen Hintergrund (oben) bereitet der Mehrfeldmessung der Canon EOS 500 keine Schwierigkeiten. Sie nimmt automatisch die sonst notwendige Belichtungskorrektur vor.
Eine kurze Belichtungszeit sorgte dafür, daß die Wasserspritzer des Hydranten eingefroren wurden.

– F –

Seite 134:
Für Proträtaufnahmen wird entweder das Porträtprogramm oder Programmautomatik gewählt. Meist wählt das Porträtprogramm etwas kleinere Blenden, um von der Nasenspitze bis zum Hinterkopf alles scharf abzubilden. Bei Programmautomatik kann durch shiften die Blende gezielt angewählt werden.

– G –

Seite 135:
Die optimalen Bildausschnitte bei Detailaufnahmen lassen sich am einfachsten mit einem Telezoom festlegen. Telebrennweiten sind wegen der geringen Gefahr der Verzeichnung besonders empfehlenswert.

– H –

Seite 136:
Motive wie diese haben durch ihre rhythmischen Muster eine starke grafische Wirkung.

gegenüber dem Standardobjektiv ist überzeugend. Kommt dann noch das »L« dazu, wird die Gesamtqualität beim 50-200er durch eine Kalziumfluorit- und beim 100-300er durch eine zusätzliche UD-Linse verbessert und apochromatisch korrigiert. Die sonstigen Daten und Werte sind identisch.

Die beiden 70-210-mm-Objektive und die zwei 100-300-mm(L)-Zooms haben ebenfalls eine sogenannte Makroeinstellung, deren Abbildungsgröße nur minimal voneinander abweicht. Bei kürzester Brennweiteneinstellung ist das Motiv etwa so groß wie ein Blatt Papier der Größe DIN A3, bei Tele-Einstellung etwa wie eins der Größe DIN A5.

Zum Standardobjektiv unter den vielen Zoomobjektiven wird sicher schon bald das EF 3,5-4,5/70-210 mm USM werden. Es wird vermutlich das bisherige 70-210 mm ganz ablösen. Es ist erstaunlich kompakt gebaut, besitzt einen Durchmesser von 73 mm und bringt es auf eine Baulänge von gerade 121,5 mm. Weitere Vorzüge: schnellere Scharfstellung durch USM und infolge des reduzierten Gewichts der zu bewegenden Linsengruppe. Die feststehende Frontlinse vereinfacht den Filtereinsatz. Als Leichtgewicht bringt das Drehzoom nur 550 Gramm auf die Waage.

Wer bereits ein lichtstarkes Normalobjektiv besitzt, sollte sich als Ergänzung auch das Telezoom 4,5-5,6/100-300 mm USM anschauen. Es ist zwar im maximalen Telebereich eine ganze Blende lichtschwächer als das Vorgängermodell, doch bietet es durch den USM-Antrieb viele Vorzüge in der Sport- und Reportagefotografie. Auch für Landschaftsaufnahmen ist dieser Brennweitenbereich hervorragend geeignet. Mit nur 540 Gramm ist dieses Drehzoom erstaunlich leicht. Gerade deshalb sollte man die Verwacklungsgefahr auf Grund der langen Brennweite nicht unterschätzen.

Canon EF 1:3,5-4,5/50-200 mm und EF 1:3,5-4,5/50-200 mm L: Die Viergruppenbauweise dieser beiden Objektive, die allerdings nicht mehr im aktuellen Lieferumfang des EOS-Programms sind, liefert gute Abbildungsleistungen über den gesamten Einstellbereich. Für die optische Konstruktion werden 16 Linsen in 13 Gruppen bzw. 16 Linsen in 14 Gruppen in der »L«-Version, die zusätzlich eine Linse aus Fluorit-Glas besitzt, verwendet. Der Bildwinkel beider Objektive reicht von 47°42′ bis 12°19′. In beiden Fällen handelt es sich um Schiebezooms. Die Scharfeinstellung von unendlich bis 1,2 m erfolgt in 0,89 Sekunden. Das kleinste Objektfeld ist im Telebereich 13,3 x 20 cm und im Normalbereich 40 x 60 cm groß. Im Makrobereich bei 50 cm Aufnahmedistanz entspricht die kleinste Objektfeldgröße in der Telestellung mit 10 x 15 cm dem Postkartenformat. Die Objektive sind 146 mm lang und wiegen etwas weniger als 700 Gramm.

Canon EF 2,8/80-200 mm L: Ein weiterer Qualitätssprung verschafft diesem Objektiv eine absolute Ausnahmestellung: Der Zoomdrehring sorgt für eine besonders feine Einstellübersetzung. Die über den gesamten Brennweitenbereich konstant bleibende Blende und an höchsten Profiansprüchen orientierte Bildqualität ermöglichen den Einsatz in allen Aufgabenbereichen. Drei UD-Linsen reduzieren die Aberrationen auf ein für diesen Brennweitenbereich bisher nicht bekanntes Minimum, einschließlich der chromatischen Fehler. Die Fokussiergeschwindigkeit des Apo-Objektivs läßt sich durch Vorwahl eines der beiden Einstellbereiche (1,8 m bis unendlich oder 3,5m bis unendlich) noch optimieren. Es ist lichtstark genug, um die Schärfe auch bei Dämmerung und in schwach beleuchteten Räumen noch zu erkennen. Der starke Bogenmotor sorgt für superschnelles Einstellen in 0,5 Sekunden über den ganzen Entfernungsbereich.

Eine über den gesamten Zoombereich konstant hohe Lichtstärke von 1:2,8 bietet das Canon Zoom EF 2,8/80-200 mm L.

Canon EF 4,5-/100-200 mm A

Canon EF 4,5-5,6/80-200 mm USM

Canon EF 4-5,6/75-300 mm

Canon
EF 4-5,6/
75-300 mm
USM

Canon EF 5,6/100-300 mm L

Canon EF 4,5-5,6/100-300 mm USM

Canon EF 4,5-5,6/80-200mm USM: Auch von diesem Objektiv gibt es inzwischen schon die dritte Version. Das jetzt vorgestellte Modell verwendet für die optische Konstruktion 10 Linsen in 7 Gruppen. Die kürzeste Aufnahmedistanz liegt bei 1,5 m. Der Filterdurchmesser beträgt 52mm. Das Objektiv ist besonders leicht und wiegt nur 260 g. Die ältere Version mit Micro Motor ist 15 g schwerer verwendet aber die gleiche optische Konstruktion.

Canon 3,5-4,5/70-210 mm USM: Dieses kompakte Zoom in Fünfgruppenbauweise besitzt eine schnelle Innenfokussierung. Es handelt sich um ein Schiebezoom mit 14 Linsen in 10 Gliedern. Die Fokussiergeschwindigkeit von unendlich bis 1,5 m beträgt nur 0,5 Sekunden. Manuelles Fokussieren ist ohne Abschalten des AF-Modus möglich. Kleinste Objektfeldgröße: 45,9 x 68,9 cm bis 17,6 x 26,4 cm, im Makrobereich 35,9 x 53,9 cm bis 140 x 210 cm. Die Baulänge liegt je nach Brennweite zwischen 121 und 170 mm. Das Gewicht beträgt 550 Gramm. Das Zoom gehört zu den neuen Objektivkonstruktionen, die auch die Entfernungseinstellung (Abbildungsmaß) melden und speziell die Programme Porträt und Nahaufnahme in der Steuerung beeinflussen.

Canon EF 1:4,5-5,6/75-300 mm USM: Dieses Vierfachzoom gestattet den preiswerten Einstieg in den Telebereich. Besonders leichte Gläser und Kunststoff sorgen für das geringe Gewicht, das mit knapp 500 g gut 30% weniger wiegt als das EF 1:5,6/100-300 mm. Mit 12 cm Baulänge läßt es sich außerdem recht gut für Freihandaufnahmen einsetzen.

Die optische Konstruktion verwendet 13 Linsen in 9 Gliedern. Die kürzeste Aufnahmedistanz liegt bei 1,5 m, eine ältere Version verwendet für den AF-Antrieb einer Micro-Motor.

Canon EF 1:4,5/100-200 mm A: Bei diesem preiswerten Schiebezoom kann nur der Zoomring manuell bedient werden. Manuelles Fokussieren ist nicht möglich. Die Dreigruppenbauweise verwendet 10 Linsen in 7 Gliedern. Die Fokussiergeschwindigkeit für den gesamten Einstellbereich beträgt 0,7 Sekunden. Die kürzeste Distanz liegt bei 1,9 m. Das kleinste Aufnahmefeld ist in der Telestellung 18,8 x 27,8 cm groß. Das Objektiv ist 130 mm lang und wiegt 520 Gramm.

Canon EF 1:5,6/100-300 mm und Canon EF 1:5,6/100-300 mm L: Die sonst baugleichen Objektive unterscheiden sich durch den Einsatz von Fluorit- und UD-Glas bei der L-Version, wodurch die Abbildungsleistung über den gesamten Brennweitenbereich optimiert wird. Der optische Aufbau besteht in beiden Fällen aus 15 Linsen in 10 Gruppen. Die Fokussiergeschwindigkeit von unendlich bis 2 m beträgt 0,89 Sekunden. Das kleinste Aufnahmefeld ist zwischen 38,7 x 58,1 cm und 13,3 x 20 cm bzw. im Makrobereich mit 27 x 40,4 cm bis 9,2 x 13,8 cm sogar kleiner als eine Postkarte. Beide Objektive sind kaum 17 cm lang und wiegen etwas weniger als 700 Gramm.

Canon EF 1:4,5-5,6/100-300 mm USM: Das kompakte Objektiv ist nur 12 cm lang und wurde in Fünfgruppenbauweise konstruiert. Die optische Konstruktion verwendet 13 Linsen in 10 Gruppen. Die schnelle Innenfokussierung garantiert kurze Fokussierzeiten. Zum Durchfahren des gesamten Distanzbereiches benötigt es nur 0,5 Sekunden und ist damit um ein Drittel schneller als die beiden oben beschriebenen Objektive mit gleichem Brennweitenbereich. Die Mikro-USM-Technik ermöglicht gleichzeitig manuelles oder automatisches Fokussieren.

Die kürzeste Aufnahmedistanz von zwei Meter läßt sich in der Makro-Einstellung auf 1,5 m verkürzen. Das kleinste Objektfeld ist bei 2 Meter Aufnahmedistanz zwischen 43,7 x 65,5 cm und 16,3 x 24,4 cm groß. Es verringert sich im Makrobereich auf 32 x 48 cm bis 12 x 18 cm. Dieses Objektiv gehört zu den neuen USM-Objektiven, die im Programm »Porträt« und »Nahaufnahme« auch die Abbildungsgröße zum Kameracomputer melden und als Vorgabe für die Blendeneinstellung berücksichtigen. So kann in der Motivautomatik die Hintergrundschärfe gezielt gesteuert werden.

Super-Teleobjektive

Canon EF 4/300 mm L USM: Dieses Objektiv ist in vielem mit dem EF 1:2,8/200 mm vergleichbar. Äußerlich lehnt es sich an die großen, grauen Super-Objektive an. Das darf es auch, da es »L« im Namen führt und so zu Canons Objektiv-Adel gezählt werden kann. Es ist im wahrsten Sinne des Wortes eine preiswerte Alternative zu dem deutlich teureren Superobjektiv EF 2,8/300 mm L. Auch hier reduzieren zwei Linsen aus UD-Glas die Abbildungsfehler auf ein Minimum. Ebenso können die Canon EF-Tele-Konverter angesetzt werden. Das ergibt dann Objektive mit den Werten 5,6/420 mm und 8/600 mm. Allerdings muß in diesen Fällen von Hand fokussiert werden. Die Naheinstellentfernung liegt bei 2,5 m, woraus sich ein Abbildungsmaßstab von 1:7,7 ergibt. Das entspricht etwa einem Objektfeld im DIN A3-Format. Acht Linsen in sieben Gliedern liefern dem 21,3 cm langen und kaum 90 mm dicken Objektiv einen Bildwinkel von 6°50. Es besticht durch seine brillante Bildschärfe und den sehr guten Kontrast.

Canon EF 1:5,6/400 mm L USM: Dieses Supertele war bisher die preisliche Alternative zum 10.000 Mark teuren 2,8/400 L USM-Objektiv. Heute gehört es nicht mehr zum Lieferumfang, dennoch ist es bei manchem Händler noch im Angebot oder als Second-Hand-Schnäppchen zu haben. Zwei UD-Gläser niedriger Dispersion minimieren die chromatische Aberration. Hier wird erstmalig eine neu entwickelte Glassorte eingesetzt, die eine noch geringere Streuung und Eigenschaften aufweist, wie sie sonst nur von den sehr empfindlichen Fluorit-Glaslinsen her bekannt sind.

Zwei Einstellbereiche garantieren mit dem Mikro-USM-Motor höchste AF-Geschwindigkeit. Der Fotograf kann für kürzere Fokussierzeiten den Einstellbereich von 3,5 m bis unendlich auf 8,5 m bis unendlich einschränken.

Der Einsatz mit Extender ist möglich, doch muß wegen der geringen Anfangslichtstärke manuell fokussiert werden.

Das Objektiv ist kanpp 26 cm lang, hat einen Filterdurchmesser von 77 mm und ist mit 1250 Gramm in seiner Klasse ein Leichtgewicht. Auch wenn sich der Stativanschluß für Aufnahmen aus freier Hand abnehmen läßt, empfiehlt sich mit diesem Objektiv stets der Einsatz eines Stativs, und sei es nur ein Einbein.

Canon EF 4/300 mm L USM

Canon EF 5,6/400 mm L USM

Canon EF 4,5/500 mm L USM: Besonders leicht und kompakt ist dieses lichtstarke Fernobjektiv gebaut. Trotz der großen Anfangsöffnung von 1:4,5 konnte das Gewicht auf nur 3 kg beschränkt werden. Es ist damit nur halb so schwer, wie das EF 2,8/400 mm L USM. Durch den Einsatz von Linsen aus künstlichem, kristallinen Fluorit sowie Gläsern mit extrem geringer Brechung konnten Restfehler der chromatischen Aberration nahezu beseitigt und Schärfe wie Farbwiedergabe deutlich verbessert werden. Ultraschallantrieb und Innenfokussiersystem sorgen schnelles Scharfstellen. Die kürzeste Aufnahmedistanz beträgt 5 m. Eine Filterschublade nimmt Einschubfilter mit 48 mm Durchmesser auf. Die Verwendung von Gelatinefiltern ist mit Filterhaltern ebenfalls möglich. Das Objektiv ist 390 mm lang und besitzt einen maximalen Durchmesser von 130 mm. Die optische Konstruktion besteht aus 7 Linsen in 6 Gruppen.

Canon EF 4,5/500 mm L USM

Die Lichtriesen im Telebereich

Vier Lichtriesen für professionelle Anwendungen sind die optischen Leckerbissen im Telebereich des Canon EF-Wechselobjektivprogramms. Sie fallen als erstes durch ihre ganz und gar untypische Objektivfarbe auf. Wie die bereits beschriebenen EF-Teleobjektive 4/300 mm und und 4,5/500 mm sind auch sie grau. Alle vier besitzen sie eine großzügig dimensionierte Metall-Gegenlichtblende, einen stabilen Fuß mit Drehmechanismus und Stativgewinde sowie Ösen für einen eigenen Tragegurt. Die beiden kleineren wiegen etwa drei und die beiden größeren sogar sechs Kilogramm. Obwohl alle vier zu einer Familie gehören, ist jedes einzelne Objektiv etwas ganz Besonderes. Allesamt sind es Traumobjektive für jeden, der beruflich mit solch langen Brennweiten fotografieren muß oder es sich zum eigenen Vergnügen leisten kann.

Fluorit- und UD-Linsen garantieren Spitzenwerte für Kontrast und Auflösung. Bedienungskomfort der Extraklasse bietet bei allen vier Objektiven die Speicherung einer vorgewählten Entfernungseinstellung. Unabhängig davon, wie oft andere Distanzen ausgemessen wurden, genügt schon ein kleiner Dreh am Einstellring, und das Objektiv ist blitzschnell auf den gespeicherten Wert zurückgestellt. Gerade Sportfotografen werden das zu schätzen wissen. Sie können so innerhalb von Sekundenbruchteilen, oft schneller als die Kamera wieder auf das Motiv gerichtet ist, im zweiten, fest eingestellten Entfernungsbereich weiter fotografieren. Das Einspeichern selbst ist ebenfalls problemlos. Der Erfolg dieser Aktion wird akustisch sogar bestätigt.

Der Ultraschallmotor bietet für das manuelle Fokussieren elektronische Servo-Unterstützung: Beim Drehen des Einstellringes werden elektrische Impulse erzeugt, die dem Mikroprozessor des Objektivs signalisieren, wie der Ultraschallmotor zu laufen hat. So erfolgt manuelles Einstellen nahezu erschütterungsfrei.

Bei allen vier Objektiven hat der Fotograf die Möglichkeit, seine manuelle Einstellung durch drei verschiedene Einstell-Übersetzungen seinen individuellen Vorlieben anzupassen. Dabei offeriert »Stufe 1« die halbe Rotationsgeschwindigkeit, die etwa für Porträtaufnahmen oder Motive im Nahbereich und überall da sinnvoll ist, wo es auf äußerst präzises Einstellen ankommt. Die »Stufe 2« arbeitet mit normaler Rotationsgeschwindigkeit und bei

Canon EF 1,8/200 mm L USM

Canon EF 2,8/300 mm L USM

Canon EF 2,8/400 mm L USM

Canon EF 4/600 mm L USM

Canon EF 5,6/1200 mm L USM

»Stufe 3« erfolgt die Verstellung mit doppelter Rotationsgeschwindigkeit, wie sie für Sportaufnahmen oft nötig ist.

Die Einstellwege bei Teleobjektiven sind normalerweise verhältnismäßig lang, deshalb hat Canon verschiedene Fokussierbereiche bei diesen vier Objektiven vorgegeben, um den Einstellvorgang, immer wenn es möglich ist, zu verkürzen.

Ein Steckfilterhalter, der mit einem Klarglasfilter versehen und Bestandteil der Objektivkonstruktion ist, erlaubt es, auch mit diesen Objektiven Filter zu verwenden. Normale Canon-Schraubfilter mit 48 mm Durchmesser oder sogar ein Zirkular-Polfilter gleicher Größe lassen sich einsetzen. Als Zubehör ist ein Spezial-Filterfolienhalter erhältlich, der für Gelatinefilter, etwa für Rot oder Infrarot, gedacht ist. Da alle vier Objektive apochromatisch korrigiert wurden, benötigen sie keine gesonderte IR-Einstellung.

Der Einsatz eines Stativs ist unbedingt zu empfehlen, um auch wirklich in den Genuß ihrer hohen Abbildungsleistung zu kommen. Bei Sportaufnahmen und auf Reisen sollte zumindest ein stabiles Einbeinstativ eingesetzt werden. Da solche Objektivleistungen auch bei Canon nicht alltäglich sind, soll auch der finanzielle Einsatz nicht unerwähnt bleiben, der erforderlich ist, um mit diesen optischen Delikatessen fotografieren zu dürfen. Beim 200er und 300er geht es um eine Größenordnung von 7000 Mark, beim 400er fehlt nur ein Zehner an runden 10.000 DM und für das 600er sind 15.000 DM, allerdings inklusive Koffer, zu bezahlen.

Da erscheinen die speziell für diese Objektive entwickelten Extender 1,4x und 2x direkt preiswert, auch wenn sie den Preis eines einfachen EF-Zooms 35-70 mm ebenfalls übersteigen.

UD-Gläser und speziell das gezüchtete Kristall aus Kalziumfluorit, die bei den beiden Superteles vorn durch ein planparalleles Glas geschützt werden, sind in Herstellung und Fertigung in dieser extremen Größe von über 25 cm Durchmesser noch immer etwas Außergewöhnliches und deshalb »sündhaft« teuer.

Canon EF 1,8/200 mm L: Dieses Objektiv scheint manchen vielleicht auf den ersten Blick nur für den professionellen Einsatz oder für spezielle Aufgaben in Wissenschaft und Technik sinnvoll zu sein. Der Vergrößerungsfaktor 4 gegenüber einem Standardobjektiv ist zunächst nicht gerade überwältigend, insbesondere da die perspektivische Leistung auch von manchem Zoom erreicht wird. Auch ein Blick auf die Schärfentiefe bei größter Blende und Werten, die auf 2,5 m Entfernung nur einen kleinen Schärferaum von etwa einem Zentimeter anbieten, scheinen dieses Vorurteil zu bestätigen. Doch kann seine hohe Lichtstärke zum Beipiel für Sportfotografen über Erfolg oder Mißerfolg entscheiden. Fernsehkameras und die elektronische Bildaufzeichnung kommen mit immer weniger Licht aus, und so liefern selbst die Flutlichtanlagen der großen Sportarenen manchmal nicht genug Licht für fotografische Zwecke. Dann kann Blende 1,8 schon manchen Auftrag retten. Umgekehrt werden für die scharfe Abbildung eines Aufschlagballs von Boris Becker extrem kurze Verschlußzeiten und daher möglichst großen Blenden verlangt. Auch hier wird mancher Sportfotograf ohne ein EF 1,8/200 mm nicht auskommen.

In der Kombination mit den speziellen Extendern läßt sich das 200er leicht in ein 300er mit einer Lichtstärke von 1:2,8 oder ein 400er mit 1:4,5 Lichtstärke verwandeln. Die Motivvielfalt, die man mit diesen Kombinationen bearbeiten kann, hat sich vervielfacht, der Preis aber nur um 1000 Mark für beide Extender verteuert und die Qualität – dank drei UD-Gläsern – nicht verschlechtert. Das sind die Gründe, warum dieses Objektiv als Supertele behandelt wird: Als 200er-Tele etwas für Spezialisten, als 300er- oder 400er-Kombination etwas für Profis, Könner und Liebhaber.

Canon EF 2,8/300 mm L USM: Optisch ist dieses Objektiv der Nachfolger des FD 2,8/300 mm L, das vor allem unter den Sportfotografen viele Freunde hatte. Die AF-Ausführung war seinerzeit das erste mit USM-Antrieb ausgestattete Objektiv der Welt. Auch heute ist es der Star vieler Fußballstadien und Sportarenen. Für so manchen Profi ist es das Standardobjektiv. Standard in Bezug auf Qualität, Lichtstärke und Preis. Da mit dem leisen USM-Antrieb fokussiert wird, ist es für Bühnen- und Theaterfotografie genauso geeignet wie für Tier-, Landschafts-, Sport- und Pressefotografie. Es kommt bei Medienspektakeln zum Zug, wenn die Fotografen in einen speziellen Fotograben oder hinter Absperrungen geschickt werden. Mit den beiden Extendern liefert es 420 mm oder 600 mm Brennweite bei Blende 4 bzw. 5,6. Mit ihm lassen sich Objekte 6x und in Kombination mit den Extendern 8,5x bzw. 12x größer abbilden als mit einem Standardobjektiv.

Jeweils eine Linse aus Kalziumfluorit und UD-Glas schaffen

die optischen Voraussetzungen für schärfste Fernsichten und Detailreichtum.

Canon EF 2,8/400 mm L USM: Bereits 1980 führte Canon das erste FD 2,8/400 mm Objektiv ein, das unter den Sportfotografen Furore machte. Auch das neue Autofokus-400er glänzt durch Superlative. In nur 0,7 Sekunden wird der gesamte Einstellbereich von unendlich bis 4 m durchfahren. Zwei UD-Glaslinsen sorgen für die professionelle »L«-Schärfenleistung. Die Extender machen aus ihm ein 1:4/560 oder 5,6/800 mm. Mit kaum 35 Zentimeter Baulänge ist es erstaunlich kompakt und für alle Motivbereiche von Landschaft über Sport, Action und Reportage bis hin zurTierfotografie hervorragend geeignet.

Die optische Konstruktion verwendet 11 Linsen in 9 Gruppen. Der diagonale Bildwinkel beträgt 6°10′. Die schnelle Scharfstellung übernimmt der USM-Antrieb durch Innenfokussierung.

Das Objektiv wiegt 6100 Gramm und hat eine Baulänge von 348 mm. Der größte Durchmesser ist 167 mm.

Canon EF 4/600 mm L USM: Bei Tier-, Sport- und Modefotografen ist dieses Objektiv regelmäßig im Einsatz. Zwei Linsen aus UD-Glas mit anomaler Teildispersion und eine Linse aus Kalziumfluorit mit großem Durchmesser waren notwendig, um das Sekundärspektrum zu eliminieren, so daß sich dieses Objektiv mit allen anderen L-Objektiven in Qualität und Leistung messen kann.

Durch den Extender 1,4x wird aus dem Canon EF 4/600 mm ein 5,6/840-mm-Objektiv. Mit einem 2fach Extender ergibt sich sogar ein 8/1200-mm-Supertele, das allerdings manuell scharfgestellt werden muß. Sonst sorgen der USM-Antrieb und das Rear-Focus-System für schnelles Scharfstellen. Eine Focus-Preset-Funktion erlaubt den blitzschnellen Wechsel auf eine vorgewählte Schärfenposition. Der manuelle Schärfenring arbeitet mit einem Servo-Motor. Das optische System besteht aus 9 Linsen in 6 Gruppen. Der Bildwinkel beträgt 4° 10′ und die kürzeste Aufnahmedistanz liegt bei 6m. Das Supertele bringt 6 kg auf die Waage und ist 456 mm lang. An der dicksten Stelle ist der Durchmesser 167 mm.

Canon EF 1:5,6/1200 mm Ultrasonic II: Das Objektiv mit der längsten Brennweite für Autofokus SLR-Kameras ist mit knapp

120 000 Mark (plus MwSt) selbst für viele Profis unbezahlbar. Es wird nur auf Bestellung gefertigt. In Europa sind ein oder zwei Exemplare bei sportlichen Großveranstaltungen von akkreditierten Pressefotografen auszuleihen.

Doch auch alle anderen Daten des Objektivs sind beeindruckend: Der optische Aufbau besteht aus 12 Elementen in 9 Gruppen. Zwei UD-Linsen elimieren die chromatische Aberration und sorgen für ein extrem scharfes Bild bereits bei voller Blendenöffnung.

Es können drei verschiedene Einstellbereiche vorgewählt werden, um mit Hilfe des schnellen und superleisen Ultraschallmotors kürzeste Fokussierzeiten zu erreichen. Von 14 m bei einem Aufnahmefeld von 27,5 bis 41,3 cm (kleiner als ein Blatt A 3) bis 30 Meter reicht der erste Bereich. Der zweite geht über die volle Fokusdistanz von 14 m bis unendlich und der dritte von 30 m bis unendlich. Das Objektiv ist knapp 84 cm lang, hat einen Durchmesser von 23 cm und wiegt 16,5 kg. Es lassen sich Einlegefilter von 48 mm Durchmesser verwenden und ein Schnellgriff ermöglicht blitzschnelles Umstellen von Quer- auf Hochformat oder umgekehrt.

Da auch die Canon Extender Verwendung finden können, ergibt sich dann zusammen mit dem EF 1,4x eine Supertele von 1:8/1700 mm und mit dem EF 2x sogar 1:11/2400 mm. Damit lassen sich schon Detailaufnahmen vom Mond aufnehmen – natürlich, da die Lichtstärke geringer als 1:5,6 mit manuellem Fokussieren.

Canon Extender EF 1,4x und EF 2x: Die Canon Extender 1,4x und 2x sind optische Konstruktionen zur Brennweitenverlängerung, die zwischen Kamera und Objektiv kommen. Die Zahlen 1,4x und 2x geben an, um welchen Faktor die Brennweite jeweils verlängert wird. Diese Brennweitenverlängerung bedeutet gleichzeitig auch eine Lichtstärkenminderung. Beim Extender EF 1,4x beträgt sie eine, beim EF 2x sind es zwei Blenden. Sämtliche Funktionen hinsichtlich Blenden- und Autofokussteuerung werden übertragen. Doch ergibt sich eine geringere Lichtstärke als 1:5,6, muß manuell fokussiert werden.

Die Canon-Extender sind selbst hochertige »Objektive«, die speziell für die Supertele-Objektive gerechnet wurden und nur wenig preiswerter sind als ein EOS 500-Gehäuse.

Canon-Extender EF 1,4x – macht zum Beispiel aus dem EF 4/600 mm ein EF 5,6/840 mm (links). Canon-Extender EF 2x – für die lichtstarken 200er und 300er im Canon-Autofokusprogramm (rechts).

FD/EOS-Konverter: Auf speziellen Wunsch vieler Profifotografen, die extreme FD-Telebrennweiten besaßen und zusätzlich mit der EOS arbeiten wollten, hat Canon einen Objektiv-Konverter entwickelt. Er ist hauptsächlich für die Adaption von FD-Objektiven mit 300 mm Brennweite und länger vorgesehen. Sein optischer Aufbau besteht aus 4 Linsen in drei Gliedern. Der Konverter verringert die Objektivbrennweite um den Faktor 1,26 und die Lichtstärke um 2/3 Stufen. Die Scharfeinstellung hat dann manuell zu erfolgen, der Schärfeindikator der EOS 500 funktioniert jedoch. Der FD-EOS-Konverter ist geeinget für folgende FD-Objektive:

FD 1,8/200 mm L	FD 2,8/200 mm L
FD 2,8/300 mm L	FD 4/300 mm
FD 4/300 mm L	FD 2,8/400 mm L
FD 4,5/400 mm	FD 4,5/500 mm L
FD 4,5/600 mm	FD 5,6/800 mm L
FD 4,5/50-300 mm L	FD 4,5/85-300 mm
FD 5,6/150-600 mm L	

Spezialobjektive

Canon EF 2,5/50 mm Macro: Jedes Objektiv ist für einen bestimmten Entfernungsbereich optimal korrigiert. So kann man mit dem Standardobjektiv 1,8/50 mm zwar aus 50 cm Aufnahmeabstand noch recht ordentliche Ergebnisse erzielen, doch sobald es um Genauigkeit geht, wird der Leistungsabfall eines Normalobjektivs im Nahbereich schon sichtbar. Für wissenschaftliche oder technische Zwecke wie bei Reproduktionen und beim Duplizieren gibt es Spezialobjektive, die auch im Nahbereich Höchstleistungen aufweisen. Dazu gehört auch das EF 2,5/50 mm Macro. Hier wurde vor allem Wert auf eine besonders hohe Auflösung, ausgezeichneten Kontrast und optimale Bildfeldwölbung gelegt. Realisiert wurde dies durch einen symmetrischen Objektivaufbau und »Floating elements«. Die direkte, kürzeste Naheinstellung liegt bei 23 cm, dann wird das Motiv in halber Originalgröße auf den Film projiziert. Diese Aufnahmeentfernung von 23 cm bezeichnet den Abstand vom Aufnahmegegenstand, also dem Motiv, zur Filmebene.

Bei Aufnahmen von Blumen und Insekten oder anderen kleinen Motiven in der Natur ist der Einsatz der Zeit- oder Schärfentiefeautomatik sinnvoll. Letztere signalisiert durch Blinken der Blende 32, daß der geforderte Schärfentiefebereich nicht realisierbar ist. Durch einen geschickt gewählten Bildausschnitt lassen sich hier die Probleme der geringen Schärfentiefe, die bei einem Abbildungsmaßstab von 1:2 und Blende 11 kaum sechs Millimeter beträgt, zwar nicht umgehen, doch auf ein ansprechendes Maß reduzieren. Dabei nimmt man beispielsweise Blüten so ins Bild, daß der größte Teil der Blüte parallel zur Filmebene verläuft. So wird das grafische Element betont und der geringe Schärfenbereich auf die größtmögliche Fläche übertragen. Das gleiche gilt für einen Käfer. Er wird am besten direkt von oben oder von der Seite fotografiert, so daß immer die größte Fläche parallel zur Filmebene verläuft. Wird dagegen ein Bild direkt von vorn angestrebt, sollte der Verlust der Schärfe möglichst unsichtbar bleiben und im Hintergrund verlaufen.

Der als Zubehör erhältliche vierlinsige »Life-Size-Konverter EF«, der jetzt umgetauft wurde in Macro-Converter EF, ist nur für den Einsatz mit diesem Objektiv gedacht. Eine elektronische Sperre für alle anderen Objektive verhindert einen Fremdeinsatz. Dieser Konverter, der zwischen Kameragehäuse und Objektiv kommt, ermöglicht Aufnahmen im Abbildungsmaßstab zwischen

Canon EF 2,5/50 mm Macro und Canon EF 2,8/100 mm Macro mit Canon EF 1:1 Life-Size-Converter.

1:4 und 1:1 und kompensiert die sphärische Aberration des Basisobjektivs im Nah- und Makrobereich.

Das auch als Universalobjektiv für alle Aufnahmebereiche geeignete Makro-Objektiv hat einen optischen Aufbau von 9 Linsen in 8 Gliedern. Mit dem Bogenmotor kann es automatisch von unendlich bis zum Aufnahmemaßstab von 0,5 in nur 1,5 Sekunden scharfstellen. Manuelle Fokussierung ist ebenfalls möglich. Das Objektiv ist 63 mm lang und 285 g schwer.

Original Canon-Zubehör wie Blitzgeräte allgemein und speziell für Nahaufnahmen das Ringblitzgerät Macrolite ML sind voll in das Belichtungsmeßsystem der EOS integriert.

Canon EF 1:2,8/100 mm Makro: Dieses lichtstarke Teleobjektiv wurde speziell für Makro-Aufnahmen bis zum Maßstab von 1:1 ohne zusätzliche Zwischenringe oder Life-Size-Konverter konstruiert. Ein Fokusbegrenzer gestattet die Wahl von zwei Distanzbereichen. Der eine liegt im Makrobereich zwischen 0,31 m und 0,57 m. Der andere reicht von 0,57 m bis unendlich. Diese Entfernung überbrückt der Autofokus-Einstellmotor in genau einer Sekunde. Die kleinste Objektfeldgröße ohne Formatbegrenzer ist 24 x 36 mm und mit Begrenzung 9,6 x 14,4 cm. 10 Linsen in 9 Gliedern liefern einen Bildwinkel von 24°. Das Objektiv hat eine Baulänge von 105,5 mm und ein Gewicht von 650 g.

Canon EF 2,8/135 mm Softfocus: Das Canon EF 2,8/135 mm ist ein Weichzeichnerobjektiv, das eine Softwirkung zusätzlich zur normalen Scharfeinstellung bietet. Es lassen sich verschiedene Grade der Weichzeichnung stufenlos einstellen. Bei Raststellung 2 ist dieser Effekt am größten, bei Einstellung auf 0 ganz ausgeschaltet. Da die optische Konstruktion eine asphärische Schmelzglaslinse einschließt, gibt es eine Weichzeichnung, ohne die sonst üblichen Aberrationen. Die Scharfeinstellung sollte, ganz gleich ob sie manuell oder automatisch erfolgt, nach dem Bestimmen des Weichzeichnergrades vorgenommen werden.

Der Weichzeichnereffekt, der durch Defokussierung einer Linse erfolgt, hängt von der Kombination Blende und Weichzeichnungsindex ab. Die größte Wirkung liefert eine Einstel-

Canon EF 2,8/135 mm Softfocus

lung auf Stellung 2 und eine Objektivblende 2,8, bei Blende 5,6 geht die Weichzeichnung bereits vollständig verloren.

Gegenlichtmotive sind besonders gut für Weichzeichnungsstimmungen geeignet, wenn sie nicht zu hart beleuchtet sind. Sehr starkes und strenges Gegenlicht sollte nicht mit stärkster Weichzeichnung, sondern höchstens bei Stellung 1 fotografiert werden. Spitzlichter und Seitenlicht liefern die schönste Wirkung. Besonders eindrucksvoll ist die Weichzeichnung bei Gegenlicht und dunklem Hintergrund. Eine Belichtungskorrektur nach Plus ist meistens sinnvoll, um die romantische Stimmung zu verstärken.

Weichzeichnermotive sind Frühlingslandschaften, Blumen und natürlich Porträts von Kindern, jungen Mädchen und Frauen. Überall dort, wo romantische Stimmungen erzeugt werden sollen, bietet sich dieses Spezialobjektiv an.

Das Softfocus-Objektiv besteht aus sieben Linsen in sechs Gliedern und liefert auch ganz normale Bilder. In der Landschaft macht sich hierbei schon ein wenig die typische Teleperspektive bemerkbar und im Porträtbereich reichen die 135 mm Brennweite aus, um eine weiche und saubere Trennung von Motiv und Hintergrund zu garantieren.

Das Teleobjektiv stellt mit seinem Bogenmotor von unendlich bis 1,3 m in 0,39 Sekunden scharf. Bei kürzester Aufnahmedistanz ist das Objektfeld 19,3 x 29 cm klein. Der Softfocusring hat zwei Soft-Stellungen. Die Weichzeichnerwirkung wird durch Verschieben einer asphärischen Linse längs der optischen Achse erreicht. Die Korrektur der sphärischen Aberration bleibt dadurch erhalten. Das Objektiv ist knapp 10 cm lang und wiegt 390 Gramm.

Tilt und Shift

Es ist sicher jedem Fotografen bekannt, daß Objektive ein kreisförmiges Bild in Richtung Filmebene projizieren. Der Durchmesser dieses Kreises entspricht dabei normalerweise der Diagonalen des verwendeten Filmformats, so daß von diesem kreisförmigen Bild später nur ein Ausschnitt in der Größe des Filmformats zu sehen ist. Bei einem Shift-Objektiv ist das gesamte Aufnahmefeld, also das runde Bild, wesentlich größer. Fachleute sprechen davon, daß der ausgeleuchtete Bildkreis des Objektivs deutlich klei-

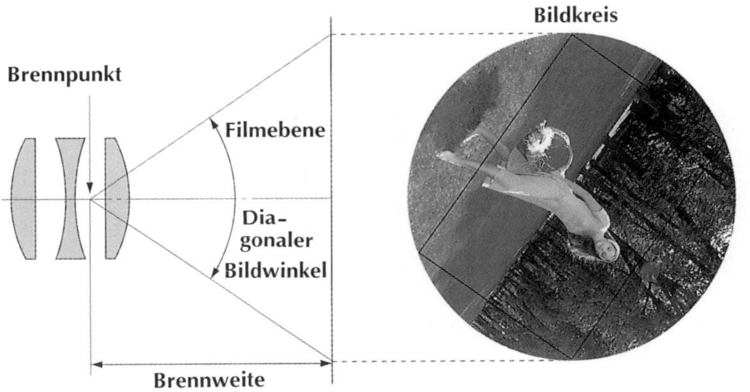

Je größer der Bildkreis eines Objektivs, um so größer sind die Verstellmöglichkeiten für Shift- und Tiltfunktionen.

ner als der tatsächliche Bildwinkel ist. Das Objektiv hat also eine erstaunlich große Bildwinkelreserve.

Diese läßt sich dann ausnutzen, wenn eine parallele Ausrichtung der Bild- und Objektebene vorliegt, die Filmebene also parallel zur Hauptebene des Motivs verläuft. Dann können durch Verschiebung des optischen Systems nun auf einmal Bildpartien, die eigentlich außerhalb des Bildfeldes liegen, ohne die Kamera zu verkanten, ins Bild zurückgeholt werden. Dieses Objektiv-Verschieben gleicht in der Wirkung der Standartenverschiebung einer Großformatkamera. Solche Objektive werden allgemein als Shift-Objektive (shiften = verschieben) bezeichnet. Mit ihnen wird möglich, was sich sonst nur mit Fachkameras realisieren läßt.

Perspektive-Korrektur

Mit Shift-Objektiven läßt sich eine auf Fotos fast immer unangenehm wirkende Eigenschaft der Perspektive korrigieren: die berüchtigten stürzenden Linien. Sie entstehen, wenn Filmebene und Motivebene nicht mehr parallel laufen. Das ist immer der Fall, wenn beispielsweise bei großen Bauten die Kamera nach oben geneigt wird, um das ganze Motiv aufs Bild zu bekommen. Ohne dieses Neigen wird oft auch bei Architekturmotiven der

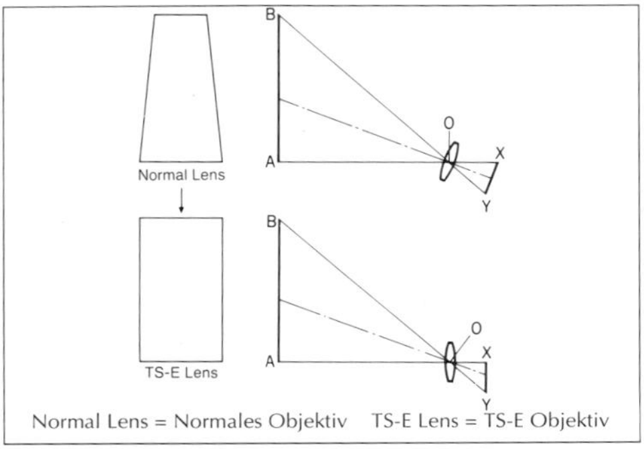

Prinzip der Architektur (Wolkenkratzer)-Fotografie bei Anwendung der Shiftfunktion.

Vordergrund zu dominant und nur ein Teil des Gebäudes abgebildet. Durch Verstellen aus der optischen Achse heraus kann nun die Sicht des Objektivs in jede gewünschte Richtung verschoben werden.

Canon hat mittlerweile ein komplettes Programm von shiftbaren Objektiven, mit 24 mm, 45 mm und 90 mm Brennweite.

Besonders bei den extrem weitwinkligen Shift-Objektiven muß der Fotograf vor der Aufnahme größte Sorgfalt bei der Bildgestaltung walten lassen. Zwei Fehlerquellen sollten beachtet werden: Vignettierung und perspektivische Überkorrektur. Ist der Aufnahmegegenstand etwa 15 Grad über oder unter einem Motiv, das man anschauen kann, ohne den Kopf zu heben, sollte nicht mehr 100%ig auskorrigiert, auf absolute Parallelität geachtet werden. Das Auge verlangt ein leichtes Zusammenlaufen oder glaubt an eine optische Täuschung. Ein Wolkenkratzer scheint sonst oben breiter zu werden, wenn die Perspektive überkorrigiert wurde.

Vignettierung bedeutet Randhelligkeitsabfall. Und um es noch etwas komplizierter zu machen, muß nach natürlicher und künstlicher Vignettierung unterschieden werden. Natürlicher Abfall der Randhelligkeit ist kein Fehler, kein Abbildungsfehler, und kommt bei jedem Objektiv vor. Doch besonders intensiv und auffällig kann dies bei Weit- und Superweitwinkelobjektiven werden. Die Lichtstärke eines Objektivs ist ein rechnerischer Wert und gilt nur für die Bildmitte. Sie sagt nichts darüber aus, wieviel Licht tatsächlich auf den Film fällt, speziell in die Bildecken. Das hängt wiederum davon ab, in welchem Winkel ein Lichtbündel auf das Objektiv fällt. So geschieht es, daß ein Lichtstrahl, der vom Bildrand schräg durch eine Linse fällt, einen deutlich geringeren

Durchmesser aufweist als von einem vergleichbaren Gegenstand, der aber durch die Linsenmitte reflektiert. Daß der Anteil schräg einfallender Lichtstrahlen bei einem Weitwinkelobjektiv größer ist als bei einem Standard- oder Teleobjektiv, dürfte ebenfalls als bekannt vorausgesetzt werden. Bereits bei einem Standardobjektiv tritt eine Helligkeitsabnahme zum Rand von etwa einer halben Blende auf. Diese Vignettierung fällt selten auf, meist nur, wenn gleichmäßig beleuchtete Flächen wie etwa eine Hauswand oder der Himmel korrekt belichtet werden. Sie wird allerdings überdeutlich bei zu knapper Belichtung.

Die Verwendung mehrerer Linsen, wie es für die Konstruktion von Objektiven notwendig ist, verstärkt diese natürliche Vignettierung. Der sich ergebene theoretische Durchmesser eines schief einfallenden Lichtbündels wird zusätzlich von der Objekivfassung beschnitten. Dies wird als künstliche Vignettierung bezeichnet. Künstliche Vignettierung läßt sich durch Abblenden mildern und sogar beheben, natürliche nicht.

Wenn nun ein Shift-Objektiv so stark verschoben wird, daß solch ein »schiefes Bündel« nicht mehr vollständig den Weg bis in die Bildecken schafft, wird dieser Abfall der Randhelligkeit deutlich erkennbar. Deshalb sollte zum Kontrollieren der Aufnahme die Arbeitsblende eingesteuert und dann das Sucherbild kritisch geprüft werden. Die Zone, bei der das Bildergebnis deutlich erkennbar Vignettierungen aufweist, wird von Canon schon äußerlich durch eine rote Markierung als gefährdete Zone für das Shiften gekennzeichnet.

Die Einsatzmöglichkeiten eines Shift-Objektivs zum Eliminieren von stürzenden Linien werden vielfach überschätzt. Von einer gegenüberliegenden Straßenseite aus kann man gerade noch ein dreigeschossiges Haus mit einem 24 mm-Shift-Objektiv ohne stürzende Linien einfangen, höhere Gebäude dagegen nicht mehr. Wer es genau wissen möchte, kann mit einer verhältnismäßig einfachen Formel die Veränderung des Bildfeldes in Metern, die durch das Verschieben erreicht wird, ausrechnen.

Dazu wird die Verschiebung in Millimetern durch die Brennweite in Millimetern dividiert und das Ergebnis mit der Aufnahmeentfernung in Metern multipliziert. Das Ergebnis ist die »Verschiebung« des Bildausschnitts in Metern.

Weitere Möglichkeiten von Shift-Objektiven sind vielfach unbekannt, wodurch sie in den Ruf kamen, daß sich ihr Einsatz auf die Architekturfotografie beschränke. Shift-Objektive sind nicht nur für Bilder von großen Gebäuden aus geringer Distanz ideal, sondern auch für Architekturdetails wie Fenster, Lüftlmalereien oder Schilder.

Die Verschiebung nach oben ist die häufigste Aufgabenstellung an ein Shift-Objektiv. Doch diese Objektive sind ja komplett drehbar und rasten in 30°-Stufen ein, so daß die Verschiebung in alle Richtungen erfolgen kann.

»Nach unten« beispielsweise bei Aufnahmen von hohen Türmen. Auch im Nahbereich kommt dies häufiger vor, da so eine Aufsicht dargestellt werden kann, ohne daß es zu »perspektivischen Verzeichnungen« kommt. Dabei ist es hilfreich, daß ein Objektiv einen großen Naheinstellbereich aufweist.

Doch auch die Verschiebung zur Seite, also in horizontaler Ebene, ist oft ein Problemlöser. So kann etwa an einer störenden Säule, einem Kronleuchter oder einer Tischkante »vorbeigeschaut« werden. Ferner ist es damit möglich, gleichzeitig eine perspektivisch sinnvolle Frontal- und Seitenansicht von Gebäuden, Gegenständen und auch von Verpackungen zu zeigen.

Ein Shift-Objektiv erlaubt den Blick in den Spiegel, ohne daß der Fotograf mit im Bild ist. Dazu wird das Objektiv zuerst in der Waagerechten dezentriert. Dann geht der Fotograf vom Spiegel zur Seite, bis sein Abbild nicht mehr sichtbar ist.

Je nach Brennweite des Shift-Objektivs lassen sich so auch Panoramen oder zumindest Breitwandbilder herstellen. Wenn solche Bilder aus zwei Einzelaufnahmen und durch Schwenken der Kamera hergestellt werden, weisen diese leicht abweichende Perspektiven auf. Das macht sich besonders an den Kanten bemerkbar, die zusammenmontiert werden sollen. Mit dem Shift-Objektiv – speziell mit dem 24er – und der horizontalen Verstellung ist das Problem schnellstens gelöst.

Da die Kamera unbedingt gerade auszurichten ist, wird ein Stativ unbedingt empfohlen. Ein praktisches Zubehör ist auch eine Libelle, eine kleine Wasserwaage, die sich ständig im Blitzschuh befinden sollte und das optimale Ausrichten der Kamera erleichtert.

Schärfenverlagerung nach Scheimpflug

Shiften ist also die Technik, stürzende (Flucht-) Linien durch planparalleles Verschieben der Objektivstandarte oder des Objektivs zu verhindern und perspektivisch überzeugende Ergebnisse zu erhalten.

Doch was macht der Fotograf, wenn er schräg aufs Motiv schaut? Dazu gibt es ebenfalls eine Spezialtechnik, um auch dann zu optimalen Ergebnissen kommen zu können.

Für Schrägsichten auf das Motiv, unabhängig davon ob »geshiftet« oder nicht, gibt es eine Technik der Schärfendehnung oder Schärfenverlagerung nach Scheimpflug.

Das geschieht durch eine Schwenkung des Objektivs oder zumindest eines optischen Teils davon. Es wird hier immer von Schärfendehnung gesprochen, weil mit dieser Technik, perfekt angewandt, auch bei offener Blende erstaunliche Schärfenebenen zu realisieren sind.

Mit einer Kleinbildkamera und allen anderen starren Kameras kann nur in einer Motivebene, der Objektebene, scharf eingestellt und abgebildet werden. Ein Vergrößern dieser punktuellen Schärfe zur Schärfentiefe ist durch Abblenden möglich. Doch ein fleißiger Astronom namens Scheimpflug hat festgestellt, daß unter bestimmten Voraussetzungen eine starke Ausweitung der räumlichen Schärfenzone ohne Blendenänderung im Bild erreichbar ist. Deshalb wurde dieses Prinzip nach ihm als »Scheimpflug-Prinzip« benannt. Voraussetzung für eine Schärfendehnung nach Scheimpflug ist eine Schrägsicht der Kamera. Die die Kamera und damit die Filmebene muß zur Objektebene geneigt sein. Zusätzlich dazu muß eine Neigung des Objektivs erfolgen.

Solch eine Einstellung ist immer dann sinnvoll, wenn die Raumtiefe größer ist als die erreichbare Schärfentiefe. Dabei ist es unerheblich, ob die Blende zur Erreichung der Schärfentiefe auf Grund schlechter Lichtverhältnisse oder infolge des Abbildungsmaßstabs nicht weit genug geschlossen werden kann.

So läßt sich mit dieser Regel bei einem Shift-Objektiv etwa eine Schärfentiefe für eine Landschaftsaufnahme von 1 Meter bis unendlich schon bei Blende 2,8 erzielen. Ein weiteres Abblenden vergößert dann nicht mehr wesentlich den Schärfenbereich von vorn nach hinten. Dagegen ist jedoch ein Anwachsen des Schärfenraumes vor und hinter der Motivebene, in diesem Beispiel also nach unten und oben, feststellbar. Durch Abblenden wächst der Schärfenbereich nicht mehr in die Raumtiefe, sondern weiter in die Höhe, senkrecht zur verschobenen Achse.

Motive für derartige Scheimpflug-Einstellungen sind neben der Landschaft etwa Fußböden, Decken, Deckengemälde und Architekturmodelle. Doch erleichtert das Scheimpflug-Prinzip auch die Schmuck- und Table-Top-Fotografie. Ferner gibt es Motive, bei der eine Verstellung in der vertikalen Objektebene sinnvoll wird. Das können beispielsweise Industrie- und Architekturaufnahmen, und da besonders Häuserfronten oder Zimmerwände, sein. Doch auch bei Sachaufnahmen und »Pack-shots« kann »Scheimpflug« weiterhelfen.

Etwas Theorie soll diese Art der Aufnahmetechnik verständlicher machen. Im Normalfall verlaufen beim Scharfstellen Filmebene, Objektivebene und Motivebene parallel. Ihre Verlängerung, die sogenannte Schnittgerade liegt also im Unendlichen. Doch wenn man schräg aufs Motiv schaut, schneidet zumindest die Objektebene »irgendwann« die beiden anderen Ebenen. Und nun kommt der ganze Scheimpflug-Trick. Wenn alle Ebenen so eingestellt werden, daß sich ihre Verlängerungen in einem einzigen Punkt schneiden, verlagert sich auch die Schärfenebene. Bei starren Kameras ist das nur mit dem Objektiv möglich. Dieses »nur« Verschwenken der Objektivebene hat ferner den Vorteil, daß es stets zu einer korrekten Darstellung von Perspektive kommt. Da die Parallelverschiebung mit dem Schwenken nach Scheimpflug kombinierbar ist, können so saubere Ober- und Untersichten erzielt werden. Ferner sind runde und kugelförmige Objekte nur mit dieser Technik so zu fotografieren, daß ihre Kreis- oder Kugelform beibehalten wird.

Das Fotografieren mit Hilfe der Scheimpflug-Regel erfordert Übung, denn wie soll man sonst darauf kommen, daß beispielsweise die anfangs erwähnte Schärfentiefe bei einer Landschaftsaufnahme nur möglich ist, wenn man die entsprechende Höhe über dem Boden hat. Und wieviel dazu notwendig ist, hängt dann von der Brennweite und der Verstellbarkeit des Objektivs ab.

Das Canon EOS-Wechselobjektiv-Programm bietet drei Objektive mit Tilt- und Shift-Funktion. Es sind das Canon TS-E 3,5/24 mm, das TS-E 2,8/45 mm und das TS-E 2,8/90 mm. ➪

TS-E Objektive

Professionelle Aufnahmetechniken, wie sie sich bisher nur mit Großbildkameras realisieren ließen, sind nun auch mit Canon EOS-Kameras in Verbindung mit den TS-E-Objektiven anwendbar. Drei Brennweiten dieser Spezialobjektive mit »Tilt und Shift«-Möglichkeit werden im Canon EOS-Programm angeboten. Es sind das EOS TS-E 3,5/24 mm L, das TS-E 2,8/45 mm und das TS-E 2,8/90 mm. Alle Objektive besitzen hervorragende Abbildungsleistungen. Heraus ragt jedoch das TS-E 3,5/24 mm L. Die Kennzeichnung »L« läßt bereits erkennen, daß Canon hier einen besonders hohen optischen Aufwand getrieben hat, um ein Maximum an Kontrastwiedergabe, Auflösungsvermögen und Brillanz der Farbwiedergabe zu garantieren.

Das Verstellen nach Scheimpflug kann natürlich nicht nur zum Verbessern der Schärfentiefe, sondern auch zum Reduzieren und Verlagern der Schärfe auf jeden Punkt im Bild eingesetzt werden.

Alle drei Objektive gestatten eine Verschwenkung um +/- 8° und Verschiebung des (gesamten) optischen Systems um +/- 11 Millimeter und nur beim Superweitwinkel sind vier Millimeter dieser Skala rot gekennzeichnet. In diesem Rotbereich kann bei maximaler Verstellung Vignettierung sichtbar werden. Auch sollte in diesem Grenzbereich ruhig mit einer Belichtungsreihe gearbeitet werden, denn durch die starke Verschiebung kann es zu Abweichungen kommen.

Es ist empfehlenswert, die Einstellung stets in gleicher Reihenfolge vorzunehmen:

- Zuerst Entfernung messen, dabei ist der Schärfe-Indikator bei angedrücktem Auslöser sehr hilfreich.
- Dann zuerst verschieben und – falls notwendig – verschwenken.

Wurde nur verstellt, muß keine Feinkorrektur der Entfernungseinstellung vorgenommen werden. Fotografen mit wenig »Scheimpflug«-Erfahrung neigen hier oft zum »Experimentieren«, dabei sind meist nur Millimeterkorrekturen notwendig.

Als sinnvoll hat es sich herausgestellt, wenn nach Scheimpflug verstellt werden soll, zuerst immer eine Aufnahme ohne jede Korrektur vorzunehmen, damit später am Leuchtpult echte Kontrollchancen und Vergleichsmöglichkeiten gegeben sind.

Technische Daten

Typ	**TS-E 1:3,5L/24 mm**	**TS-E 1:2,8/45 mm**	**TS-E 1:2,8/90 mm**
Objektivaufbau	11 Elemente in 9 Gruppen	10 Elemente in 9 Gruppen	6 Elemente in 5 Gruppen
Bildwinkel-Diagonal	84°	51°	27°
Bildkreis	102°	66°	36°
Fokusmechanismus	Schneckengang Floating-System Einstellung	Schneckengang Hinterglied-Einstellung	Schneckengang Ganzglied-Einstellung
Fokussierbereich	0,3 bis unendlich	0,4 bis unendlich	0,5 bis unendlich
Schwenkbereich	plus/minus 8°	plus/minus 8°	plus/minus 8°
Schwenkskala-	in Abständen von 1°		
Standard (grau)	0 bis +/-7°	0 bis +/-8°	0 bis +/-8°
Grenzbereich	+/- 7 bis 8° (rot)		
Drehmechanismus	fest bei 0°, – und + 90°, Rastungen alle 30°		
Filterdurchmesser	72 mm	72 mm	58 mm
Länge x max. Durchmesser	86,75 x 78 mm	90 x 81 mm	88 x 73,6 mm
Gewicht	570 g	645 g	565 g

Systemzubehör

Einstellupe: Für die wenigen Fälle der äußerst präzisen manuellen Scharfstellung gibt es für die Canon EOS 500 eine spezielle Einstellupe, die auf das Sucherokular geschoben wird. Die Einstellupe S vergrößert die Bildmitte um den Faktor 2,5. Sie läßt sich für die normale Sucherbildbetrachtung einfach hochklappen. Zum Lieferumfang gehört der Lupenteil und der Adapter S, ein viereckiger Steckanschluß, der auf das Okular geschoben wird. Besitzt man bereits eine Einstellupe für die Canon F 1, so muß nur der runde Adapter gegen den viereckigen ausgetauscht werden. Brillenträger können die Lupe im Bereich von -4 bis +4 ihrer Fehlsichtigkeit anpassen.

Winkelsucher A-2 und B: Auch der Winkelsucher A-2 wird einfach mit dem Adapter S auf das Sucherokular der Canon EOS 500 geschoben. Im Gegensatz zur Einstellupe gestattet er die Betrachtung des gesamten Sucherbildes im Einblickwinkel von 90°. Allerdings erscheint das Bild seitenverkehrt. Der Einblick ist auch schwenkbar, so daß er zum Beispiel auch aus Bodennähe schräg von der Seite erfolgen kann. Der optische Aufbau besteht aus 6 Linsen, die eine Vergrößerung von 0,97x bewirken. Das Gewicht beträgt nur 120 Gramm.

Ein seitenrichtiges Bild vermittelt der Winkelsucher B, dessen sonstige technischen Eigenschaften dem Modell A-2 entsprechen. Beide Modelle erlauben die Korrektur für Brillenträger im Bereich von +2 bis -4 Dioptrien. Ihr Gewicht beträgt 120 Gramm.

Canon Winkelsucher B

Augenkorrekturlinsen E: Es gibt 10 verschiedene Augenkorrekturlinsen zur Anpassung des Sucherbildes an die Fehlsichtigkeit des Fotografen. Sollte man beabsichtigen, sich eigene anfertigen zu lassen, muß berücksichtigt werden, daß der Sucher selbst bereits eine Korrektur von 1 aufweist. Das bedeutet bei einer Fehlsichtigkeit von +4 wird eine Linse mit +3 benötigt. Bei Canon bezeichnen die Werte der Dioptrienlinse nicht den Dioptrienwert selbst, sondern den, den sie zusammen mit dem Kamerasystem aufweisen. Eine spezielle Gummi-Augenmuschel, die auch bei aufgesetzter Korrekturlinse paßt, hält Streulicht vom Sucher fern.

Die Augenmuschelverlängerung EP-EX15 ermöglicht einen komfortableren Suchereinblick.

Fernauslöser: Es gibt für die EOS 500 einen neuen Kabelfernauslöser RS-60E3. Er wird an die Fernbedienungsbuchse der Kamera angebracht und ist für ruhiges Auslösen etwa bei Makro- und Langzeitaufnahmen mit Stativ vorgesehen.

Augenmuschelverlängerung: Sie hat die Bezeichnung EP-EX15 und vergrößert den Augenabstand vom Sucher um 15 mm. Dabei wird zusätzlich die Sucherbildvergrößerung um das 0,5fache erhöht.

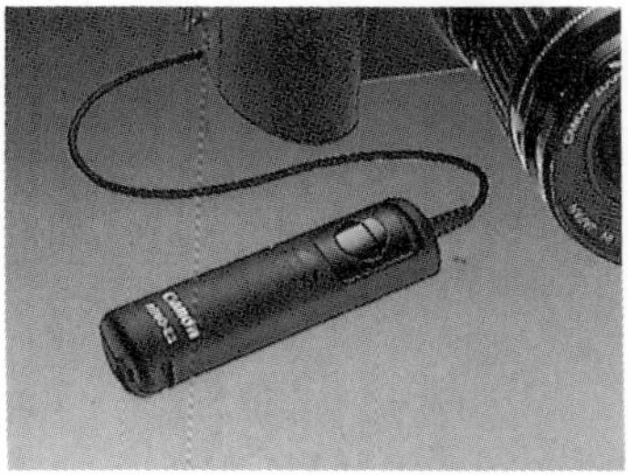

Die Verschlußauslösung aus einer Entfernung bis zu 60 Zentimeter erlaubt der Fernbedienungsschalter RS-60E3.

Handgriff GR-80TP: Ein besonders empfehlenswertes Zubehör ist der zur EOS 500 angebotene Handgriff mit Haltegurt und einem integrierten Tischstativ für Nah-, Langzeit- und Selbstauslöseraufnahmen.

Die GR-80 TP Griffverlängerung für die Canon EOS 500 hat ein eingebautes Ministativ.

Kameratasche EH8-L (LL): Diese Bereitschaftstaschen nehmen die EOS 500 mit einem 35-105 mm USM (L) bzw. mit 28-80 mm USM oder 80-200 mm (LL) auf.

Filter: Das AF-System der Canon EOS 500 bedingt, daß nur Zirkular-Polfilter verwendet werden können. Die Firma Canon bietet selbst solche Filter in vier Größen mit Durchmessern von 48, 52, 58 und 72 mm an. Allerdings bereiten Polfilter gerade beim Einsatz an Zoom-Objektiven große Schwierigkeiten, weil sich bei vielen noch die Frontlinse während der Scharfstellung dreht und dabei der durch Drehen des Filters erreichte Effekt wieder verändert wird. Andererseits wird bei manchen Objektiven die Frontlinsengruppe soweit in den Tubus hineingezogen, daß eine Ver-

Für die EOS 500 sind Zirkular-Polfilter erforderlich. Canon bietet sie als Schraub- und Steckfilter mit unterschiedlichen Durchmessern.

stellung der Filtergröße bei manchen Entfernungs- oder Brennweiteneinstellungen nicht möglich ist. Hier zeigt das Cokin-Filtersystem gegenüber dem Originalhersteller Vorteile. Es bietet eine große Anzahl entsprechender Adapter und Zwischenringe für den Einsatz seiner Filter an EOS-EF Objektiven.

Polarisationfilter, zirkular: Das wichtige Filter dient dazu, störende Reflexe auf nichtmetallischen Oberflächen, wie sie beispielsweise auf Wasser, Glas, polierten Stein-, Holz- und Lackflächen sowie bei lasierten Oberflächen vorkommen, auszuschalten. Weniger bekannt ist, daß auch Gräser und Pflanzen, und hier besonders in südlichen Ländern Pflanzen mit lederartigen Blattoberflächen, nicht nur das Licht, sondern auch UV-Strahlung reflektieren, die der Film als blaues Licht akzeptiert. Polarisationsfilter liefern hier ein warmes, fast frühlingshaftes Grün. Ihr Wirkungsgrad wird durch Drehung kontrolliert. Sie müssen daher für jede Aufnahme neu eingestellt werden. Die Wirkung ist am stärksten bei einem Winkel zwischen 30 und 40 Grad zur reflektierenden Fläche. Bei längeren Brennweiten sind die Wirkungen deutlicher. Vor allem Fernsichten werden verbessert. Das Ergebnis ist im Sucher sicht- und kontrollierbar. Zwei Polfilter wirken als lichtschluckende Graufilter.

Verlauffilter: Sie sind wie Polarisationsfilter für Landschaftsfotografen ein »Muß«, zumindest in den Farben Grau und Blau, um hohe Kontraste besonders des Himmels zu mildern und um an der Bildkante oben einen optischen Abschluß zu liefern.

Verlauffilter sollten überall da eingesetzt werden, wo bei kontrastreichen Motiven die Gefahr gegeben ist, daß der Farbfilm damit Probleme bekommt: Wasser, Himmel, Schnee und Sand oder andere helle Partien werden damit abgedunkelt. Reicht ein Filter nicht, kann ein zweites der gleichen Farbe oder Grau die Wirkung verstärken. Bei sehr farblosen Motiven, und erst recht farblosem Himme,l ist ein Anfärben und Abdunkeln stets sinnvoll.

Das Blitzsystem

Die kleinen, in die Kamera eingebauten Blitzgeräte sind in den letzten Jahren wesentlich leistungsfähiger geworden. Durch die Integration ihrer Steuerung in die Kameraelektronik konnten sogar bisher nur von Profis genutzte Aufnahmetechniken automatisiert werden. So ließen sich Profis und Hobbyfotografen durch Techniken wie »programmiertes Aufhellblitzen« wieder vermehrt zum Einsatz von Blitzlicht animieren. Kein Wunder, verschwand doch nahezu alles lästige Rechnen und Einstellen. Den Komfort, sein Blitzgerät stets dabeizuhaben und jederzeit bildverbessernd einsetzen zu können, werden die EOS-500-Fotografen sehr schnell zu schätzen wissen. Doch das bedeutet nicht, daß man in Zukunft auf externe Blitzgeräte ganz verzichten könnte oder sollte. Das in die EOS 500 integrierte Blitzgerät ist mit seiner Leitzahl 12 zwar recht schwach, auch wenn er erstmals das Aufnahmefeld eines 28-mm-Objektivs ausleuchten kann. Doch sollte der eingebaute Blitz nicht unterschätzt werden. So sorgt er, immer dabei, bei schlechten Lichtverhältnissen oder selbst bei Dunkelheit für ausreichende Beleuchtung. Kein Motiv wird mehr verpaßt, weil

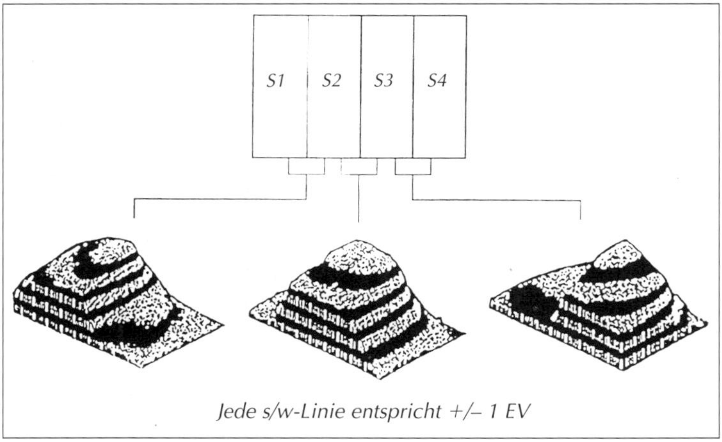

Die Schemazeichnung zeigt die vom aktiven AF-Sensor abhängige Meßverteilung der automatischen Blitzsteuerung.

im entscheidenden Augenblick die Kamera nicht schußbereit war. Außerdem ist er innerhalb von zwei Sekunden wieder einsatzbereit.

Die EOS 500 bietet auch für die Blitzaufnahme eine Mehrfeldmessung und arbeitet hier mit vier Zonen. Dabei wird wiederum dem aktiven AF-Meßfeld die oberste Priorität geben, das Umfeld jedoch analysiert und ausreichend berücksichtigt.

Wichtiger noch als die reinen Blitzaufnahmen ist der eingebaute Winzling für das Aufhellen. Wer mit lichtstarken Festbrennweiten fotografiert oder sogar höher empfindliches Filmmaterial einsetzt, wird über die zu erzielenden Reichweiten beim Aufhellen, über die kreative Prise Blitzlicht, erfreut sein. Immerhin beträgt die Blitzreichweite bei Verwendung eines 400er-Films und Telestellung des Reflektors bereits 28 m und bei ISO 1000/33° fast 50 m bei Blende 2. Damit kann der Fotograf wirklich ganze Gebäude oder Hallen mit seinem Winzling aufhellen. Aus diesem Grunde sollte der Fotograf ruhig häufiger das eingebaute Blitzlicht zuschalten oder erst eine Aufnahme ohne und die zweite mit Blitzlicht festhalten.

Der eingebaute Blitz der Canon EOS 500 schaltet sich bei Bedarf automatisch zu.

Mitte

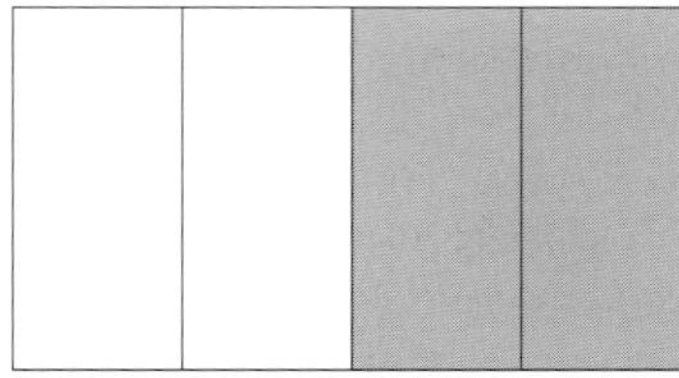

Rechts

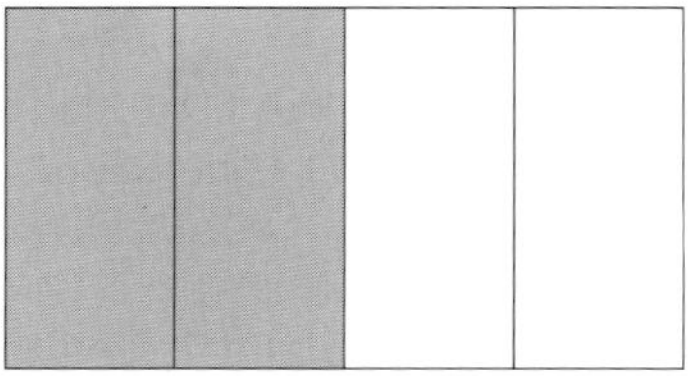

Links

Die Gewichtung der Blitzmessung erfolgt in Abhängigkeit des jeweils aktiven AF-Sensors.

Beim Einsatz mit Zoom- oder Tele-Objektiven kann es bei Aufnahmen unter 1,5 Meter Aufnahmeentfernung zu Abschattungen kommen. Das Objektiv steht dann dem Blitz teilweise im Wege. Aus diesem Grund ist etwa das Canon Objektiv EF 3,5-5,6/28-80 mm USM als Standard-Zoom sinnvoll, denn es ist speziell für alle EOS-Modelle mit eingebautem Blitzlicht konzipiert worden. Bei ihm bleibt die Objektivlänge stets konstant und so kann auch bei einem Aufnahmeabstand von 1 m voll geblitzt werden. Manchmal läßt sich das Problem des Abschattens schon durch Entfernen der Gegenlichtblende beseitigen.

Aufhellblitzen

Von der Bedienung her ist es kein Unterschied, ob »geblitzt« (dann ist das Blitzlicht das Hauptlicht) oder »aufgehellt« wird. Aufhellen hat in Verbindung mit Tageslicht zwei sich fast widersprechende Funktionen. Eine Funktion, die seltener wahrgenommen wird, ist sein Einsatz zur Steigerung des Beleuchtungskontrastes, wodurch die Bilder brillanter und farbiger werden; in solchen Fällen kann der Blitz sogar zum Hauptlicht werden. Wer nicht nur mit den Motivprogrammen oder zumindest häufiger bereits mit der Zeitautomatik, Av, fotografiert hat, kann das eingebaute Blitzgerät für solche Situationen manuell zuschalten.

Bekannter ist dagegen die andere Wirkung, hohe oder überhöhte Licht-Schattenkontraste auf ein gesundes Maß zu dämpfen. Das ist einmal ganz programmgerecht mit dem eingebauten Winzling schon wirkungsvoll und bei den Motivprogrammen sogar im automatischen Ablauf eingeplant.

Aber auch die externen Speedlites werden von den Motivprogrammen automatisch gesteuert. In Kombinationen mit ihnen bietet die EOS 500 noch mehr Blitzkomfort.

Das Aufhellblitzen ist technisch schnell und ohne Probleme in den Griff zu bekommen. Die Bildwirkung selbst und der so einfach zu erzielende »Glamour-Charakter« früher 50er Jahre ist aber sicher nicht jedermanns Sache. Ausprobieren sollte man ihn aber doch. Wer sich zum Beispiel schon öfters bei Gegenlichtaufnahmen über »schwarze« Gesichter geärgert hat, wird von den neuen Möglichkeiten des Aufhellblitzens sofort begeistert sein.

Das Blitzen am Tag gehört sicher, zumindest für die jüngere Generation, zu den einfachsten und doch wirkungsvollsten Methoden, durch ungewöhnlichen Lichteinsatz zu außergewöhnlichen Bildern zu kommen.

Alle Gegenlichtmotive sind allgemein Sujets für das Aufhellblitzen. Am frühen Morgen und am späten Nachmittag, wenn das Licht fast nur noch streifend, aber noch recht intensiv die Motive beleuchtet, gibt es das schönste Gegenlicht. Hier wird durch Aufhellen die Stimmung gesteigert und das besonders wirkungsvoll, wenn der Hintergrund auch noch sehr hell ist. Doch das allein ist nicht die einzige positive Wirkung, denn das Vergrößern oder Printen allgemein wird durch mehr Farbe in den Schatten und der dadurch erfolgten Kontrastreduzierung wesentlich vereinfacht, und vielfach wird die Bildwirkung deutlich gesteigert. Auch für das Herstellen von Lithografien für den Druck ist mit einem durch Aufhellen »angepaßten« Motiv mehr Detailreichtum aufs Papier zu bekommen, ohne daß die Atmosphäre darunter zu leiden hat.

Was im normalen Gegenlicht funktioniert, ist auch für die Aufhellung von Silhouetten geeignet, wie man sie beispielsweise leicht vor einem großen Wohnzimmerfenster bei Sonnenschein erhalten kann.

Die Möglichkeit der Farbverbesserung sollte ebenfalls nicht vergessen werden: So läßt sich durch Aufhellen der Blaustich (im Schatten) speziell in der Mittagszeit unterdrücken. Auch bei Porträtaufnahmen oder Schnappschüssen im Schatten bringt der Blitz die Farbe zurück. Hier ist es dann »Geschmackssache«, ob die Aufhellmenge auf ein Minimum (Minus-Korrektrur am Blitzgerät) zurückgenommen wird.

Der Blitz läßt sich auch zur Verbesserung des Farbkontrastes als künstliche Sonne einsetzen. So zeigen mit Blitzlicht auch an sich kontrastarme Motive im Schatten oder bei trübem Wetter plötzlich Farbe. Der Himmel oder Hintergrund wirken dann noch dunkler, noch dramatischer.

Beschränkt man sich auf den eingebauten Blitz, sollte man auf Zeit- oder Blendenautomatik ausweichen und den Blitz manuell dazuschalten. Wenn dann die kürzeste Synchronisationszeit von 1/90 blinkt, wird das Aufnahmeobjekt richtig belichtet, der Hintergrund jedoch überbelichtet. Bei einem Blendenwert von 2,8 und einer Filmempfindlichkeit von ISO 100/21° kann das eingebaute Blitzlicht bis zu sechs Meter weit aufhellen, dagegen reicht es als Hauptlicht nur bis 4 Meter weit. Bei Blende 5,6 wird es immer noch bis zu drei Meter weit aufhellen.

Manche dieser Blitzeffekte lassen sich auch mit einer Langzeitbelichtung durchführen, bei der Blitz und das vorhandene Tages- oder Raumlicht sich zu Bildern ergänzen, die gleichzeitig Schärfe und Unschärfe aufweisen.

Canon Speedlite Blitzgeräte

Das eingebaute und die aufschiebbaren Canon Speedlites bieten zwei Automatik-Betriebsarten: die A-TTL- und die TTL-Steuerung. Bei der TTL-Betriebsart wird nur das Hauptmotiv präzise beleuchtet und dessen korrekte Belichtung durch Messung des von der Filmebene reflektierten Lichts dank der Vierfeldmessung sichergestellt. Die komfortablere A-TTL-Messung gleicht normalerweise selbständig den Belichtungskontrast zwischen Hauptmotiv und Hintergrund aus, so daß sich beide Bildteile bildwirksam ergänzen.

Die Canon Speedlite-Blitzgeräte sind in Kombination mit fast allen Progamm- und Motivautomatiken der EOS 500 einsetzbar. Das verlangt in Einzelfällen ausführliche Kenntnisse der Blitztechnik, um ein Ergebnis vorausplanen zu können. Gleiches gilt auch für die rein manuelle Bedienung.

Die Canon-Speedlite-Geräte sind speziell auf EOS Kameras abgestimmte Kompaktblitze. Es sind Aufsteckmodelle mit kabello-

Canon speedlite 430EZ
Vorderansicht

1. Blitzkopf, schwenk- und drehbar
2. Reflektor für Infrarot-Vorblitz
3. AF-Hilfsleuchte
4. Fixier-Stift
5. Sensor
6. Batteriefach
7. Anschluß für externes Energieteil
8. Feststell-Rändelrad
9. Mittenkontakt

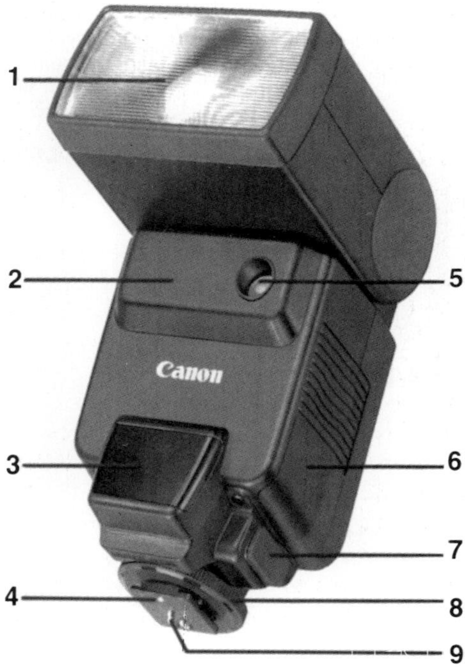

Canon speedlite 430EZ
Rückansicht

1. Entriegelung für Verdrehen des Blitzkopfes
2. LCD-Monitor
3. Betriebsarten-Einstellknopf
4. Einstellknopf für Manuell-Modus
5. Blitzbereitschaftsanzeige
6. Einstellknopf für Synchronisation auf ersten oder auf zweiten Verschlußvorhang
7. Einstellknopf für LCD-Monitorbeleuchtung
8. Einstellknopf für manuelles Zoomen des Reflektors
9. Hauptschalter

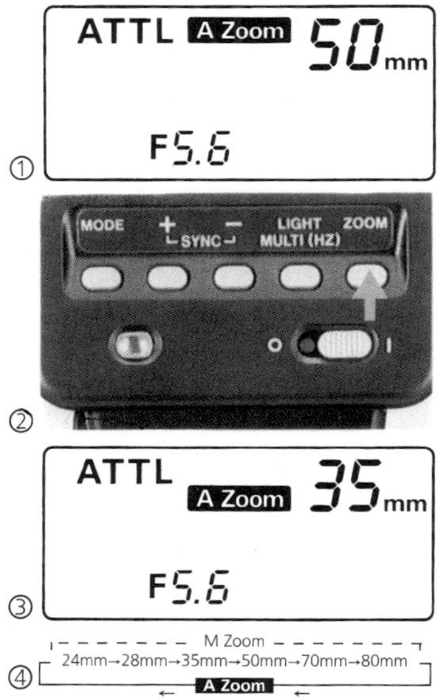

Der Zoom-Reflektor des Canon Speedlite 430EZ paßt sich in der A-Zoom-Stellung im Bereich von 24 mm-80 mm automatisch der Brennweite des Objektivs an.

sem Direkt-Mittenkontakt. Um zu gewährleisten, daß der Blitz tatsächlich bis zum Anschlag aufgeschoben ist, denn nur dann ist ein optimaler Informationsfluß durch präzise miteinander verbundene Kontakte gewährleistet, wurde der Fuß mit einem zusätzlichen Sicherungsring versehen. Dieser muß jeweils bis zum Anschlag zu- oder aufgedreht werden, da sonst der am Fuß angebrachte Sicherungsstift nicht in den Blitzschuh eingreifen kann oder wieder zu lösen ist.

Das Topmodell unter den Canon-Systemblitzgeräten, das Speedlite 430 EZ, hat eine Leitzahl zwischen 25 und 43. Die Leitzahl ist eine Angabe für die »Lichtausbeute«, die, durch Meter (die Aufnahmeentfernung) dividiert, die zur korrekten Belichtung notwendige Blende ergibt. Oder umgekehrt: Die Leitzahl, dividiert durch den Blendenwert, verrät dem Fotografen, bis zu welcher Entfernung er mit seinem Blitzgerät ein Motiv ausleuchten kann.

Die Leitzahl ist abhängig von der Filmempfindlichkeit und – wie mittlerweile nahezu alle Angaben – auf ISO 100/21° bezogen. Sie wird aber auch durch die Form des Reflektors beeinflußt, dessen Leuchtwinkel sich verstellen und dem Bildwinkel des Objektivs anpassen läßt. Das erklärt, warum dasselbe Blitzgerät, obwohl es stets mit identischen Maximalwerten an der Blitzröhre leuchtet, doch unterschiedliche Leitzahlen aufweisen kann, die im Weitwinkelbereich die geringsten und bei Teleeinstellung die höchsten Werte ergeben.

Bei den Speedlite-Geräten läßt sich die Zoomreflektor-Position entweder manuell den Objektivbrennweiten von 24, 28, 35, 50, 70 und 80 mm anpassen oder sie wird durch die Objektivwerte, die ja der Kamera bekannt sind, automatisch optimal angepaßt. Die Reflektorstellung folgt auch der Brennweitenänderung bei Zoomobjektiven. Nur für besondere Effekte ist eine manuelle Vorgabe der Reflektoreinstellung sinnvoll.

Eine »grüne« Bereitschaftsanzeige weist darauf hin, daß die Kamera schon auf Blitzbetrieb umgeschaltet hat und ausgelöst werden kann. Dies geschieht bereits nach einer ultrakurzen Aufladezeit bei Erreichen von 70 Prozent der möglichen Kapazität.

Das Umspringen von Grün auf Rot zeigt an, daß das Blitzgerät voll aufgeladen ist. Durch Drücken der leuchtenden Bereitschaftsanzeige am Blitz läßt sich die Funktionsfähigkeit des Gerätes überprüfen und ein Testblitz auslösen.

Sinnvollerweise sollte man nach Beendigung der Aufnahmen das Blitzgerät wieder abschalten. (Hauptschalter am Blitzgerät 0, der rote Punkt ist nicht zu sehen). Doch das wird nicht nur im Eifer des Foto-Gefechts regelmäßig vergessen. Auch beim Warten auf die neue Aufnahme kann es gerade bei Reportagen (auch im familären Bereich wie Geburtstagsfeiern, Kindtaufe oder Hochzeit) zu längeren Fotopausen kommen. Hier greift die Sparschaltung ein: beim 420 EZ etwa nach fünf Minuten, beim 430 EZ schon nach gut 90 Sekunden.

Beim 420er beginnen gut dreißig Sekunden vorher die Monitor-Anzeigen zu blinken, bevor das Gerät abschaltet. Ein leichter Druck auf die Bereitschaftsanzeige oder die Mode-Taste, aber auch das Antippen des Auslösers oder Drehen des Hauptschalters aktiviert nach zwei oder drei Minuten noch in Sekundenbruchteilen das Blitzgerät. Sonst muß die »Schnelladezeit« von weniger als 1,5 Sekunden (bei neuen Batterien) abgewartet werden. Sollte in der Zwischenzeit am Zoomobjektiv die Brennweite verstellt worden sein, paßt sich der Reflektor erst bei Drücken des Auslösers (oder des Mode-Knopfes) diesem neuen Wert an. Um stets blitzschnell wieder fotobereit zu sein, lassen sich Kamera und Blitzgerät erneut bei aktiver SE-Schaltung durch leichten Druckkontakt mit dem Auslöser einschalten.

Alle Blitzgerätefunktionen werden auf dem Anzeigendisplay auf der Rückseite des Blitzes erkennbar, das auf Wunsch durch Drücken der Beleuchtungstaste für ca. acht Sekunden beleuchtet werden kann. Eine Monitor-Anzeigenbeleuchtung ist sinnvoll, da die Kamera mit aufgesetztem Blitz auch im Dunkeln eingesetzt werden kann. Durch das AF-Licht kann die EOS 500 sogar bei Dunkelheit automatisch fokussieren. Mit Hilfe eines Meßlichts stellt sie den Motivabstand fest. Ist er größer als die Reichweite des Meßblitzes, blinkt im Sucher unterhalb des Bildfensters die grüne LED, die AF-Kontrollampe. Im Bereich von 0,9 bis 8 m darf das normalerweise nicht vorkommen, denn innerhalb dieser Entfernung liegt der Arbeitsbereich des Gerätes. Bei Blinken der AF-Kontrollampe muß der Auslöser losgelassen und – wenn möglich – näher ans Motiv herangegangen werden. Erst wenn beim erneuten Antippen des Auslösers nichts mehr blinkt, ist eine korrekt belichtete, scharfe Blitzaufnahme sichergestellt.

Auf dem Datenmonitor des 430 EZ zeigen die Zeichen +/- eine Plus- und eine Minuskorrektur an. Mit dem grauen Knopf ganz links werden die Betriebsarten (Mode) eingeschaltet. Es stehen A-TTL, TTL, M oder Multiblitz zur Verfügung.

Blitzen mit Programmautomatik

Es ist zumindest anfangs unmöglich, sich alle Programme und ihr Verhalten und erst recht nicht deren Varianten bei Blitzautomatik zu merken. So sollte man sich aus praktischen Gründen zunächst auf maximal zwei Methoden konzentrieren: Entweder nur mit P- oder Tv-Einstellung blitzen, wobei »P« gewiß die bequemere Lösung ist. Danach kann man sich Schritt für Schritt ein weiteres der Programme erschließen, von denen jedes wirkungsvolle gestalterische Alternativen offeriert.

Am einfachsten ist das Blitzen, wenn alles auf Automatikbetrieb steht: das Objektiv auf AF, die Kamera auf dem grünen Rechteck, das Blitzgerät auf A-TTL. Der Fotograf muß nur noch sein Hauptmotiv mit dem AF-Meßfeld anvisieren, den Auslöser antippen und die grünen Zahlen und Symbole an der Bildunterkante beobachten: Hier wird bekanntgegeben, mit welcher Zeit die Kamera blitzt. Das ist im Normalfall bei der EOS 500 eine Zeit von 1/90 s.

Blitzen mit Blenden-Automatik Tv

Bei der Tv-Betriebsart wird die Verschlußzeit vom Fotografen vorgewählt. Dabei darf keine Zeit verwendet werden, die kürzer als die schnellste Blitzsynchronzeit ist. In diesem Fall würde nur ein Teil des Bildfeldes vom Blitz beleuchtet werden. Zeiten, die länger als 1/90 Sekunde sind, können jedoch verwendet werden. Das Blitzgerät wird auf »A-TTL« eingestellt und angeschaltet. Beim Drücken des Auslösers ist im Sucher die Blendenangabe abzulesen, die das Blitzgerät mit Hilfe seines Vorblitzes ermittelt und eingestellt hat.

Blitzen mit Zeitautomatik Av

Vielfach wird immer noch die Meinung vertreten, das Licht des Elektronenblitzes zerstöre die ganze Bildatmosphäre. Doch sollte man dies allenfalls als Hinweis verstehen, daß derjenige, der so etwas behauptet, nicht mit Blitzlicht umgehen kann. Natürlich gibt es Fälle, in denen es sinnvoll ist, zum hochempfindlichen Film zu greifen und das Blitzgerät aus dem Spiel zu lassen. Doch ist einmal das Auge für die Feinheiten der Lichtführung geschult, erkennt man selbst in solchen Fällen bestimmte Situationen, die mit einer Prise Blitzlicht noch besser, eben technisch perfekter und ausdrucksstärker werden können.

Ein Weg dahin führt über die Blitzautomatik in der Betriebsart Av. Die Canon EOS 500 wird auf »Av«-Betrieb umgestellt und das aufgeschobene und arretierte Canon-Blitzgerät 430 EZ (oder 420 EZ) auf A-TTL geschaltet. Durch Antippen des Auslösers wird die notwendige Verschlußzeit für die Standard-Blende 5,6 ermittelt. Falls andere Blendenwerte für die vorliegende Aufgabensituation sinnvoller sind, werden diese jetzt eingestellt und der Auslöser erneut angetippt.

Die Verschlußzeit, die sich bei »Av« automatisch einstellt, resultiert aus der vorhandenen Gesamtlichtmenge. Zu dieser Grundhelligkeit kommt zusätzlich für den Bereich, der noch vom Blitzlicht bestrahlt werden kann, die Blitzaufhellung. Für eine technisch einwandfreie Blitzaufnahme ist es unerheblich, ob die Belichtung so 1/30 oder 30 Sekunden ergibt; bildnerisch liegen allerdings Welten dazwischen. So kann das Blitzlicht Aufhellwirkung haben oder als Hauptlicht dienen, das dann in Verbindung mit einer Langzeitbelichtung für Effekte zu nutzen ist. Im ersten Fall wird die vorhandene Raumstimmung unterstützt, im zweiten Beispiel schafft der Fotograf durch seinen Belichtungstrick erst die meist sehr intensiv wirkende Atmosphäre.

Dazu ein einfaches, aber alltäglich vorkommendes praktisches Beipiel: ein Porträt bei abendlicher Stimmung im Wohnzimmer. Bei Einstellung auf Tv knallt der Blitz in den Raum, die meist eingestellte Synchronisationszeit ist so kurz, daß nur Blitzlicht registriert wird. Das Raumlicht ist viel zu schwach, um überhaupt Lichtspuren (bei 1/90 s) zu hinterlassen. Beim Av-Programm wird erst einmal die richtige Belichtungszeit für das vorhandene Licht festgelegt, vielleicht 1/30 Sekunde, und der Raum wird stimmungsvoll ins Bild gesetzt. Der Blitz hat dann nur noch die Aufgabe, den Vordergrund, in diesem Fall das Porträt, korrekt zur eingestellten Blende zu beleuchten, perfekt aufzuhellen. Dieses Bild wird jeder gern vorzeigen, denn es zeigt ein Porträt in seiner Umgebung und strahlt Stimmung aus.

Diese Blitztechnik eignet sich nicht nur für Aufnahmen in Innenräumen, sondern fast noch effektiver und beeindruckender in Außensituationen. Dazu ein anderes Beispiel: Nachtaufnahmen in früher Dämmerung, beispielsweise auf einem Volksfest oder an jedem von Neonlichtern überfluteten Boulevard. Die Kamera wird mit einem hochempfindlichen Film bestückt. Ein eindeutiger Vordergrund wird bei der Wahl des Bildausschnittes vermieden. Mit Av-Einstellung und Blitzlicht erhält man ein stimmungsvolles Bild. Im Bereich um 30, 40 Meter hat ein Hauch von Blitzlicht noch Farbe ins Bild gebracht. Wer nun aber stimmungsvolle Erinnerungsbilder machen möchte, nimmt einen Film mit normaler Empfindlichkeit und das Av-Programm. Bei Tv-Betrieb wären zwar der Freund oder die Freundin richtig belichtet, bei »P« übrigens auch, doch wo die Aufnahme entstand, müßte hinterher der Fotograf wortgewaltig jedem Betrachter erzählen, denn dem Bild kann man es nicht ansehen. Schuld ist die viel zu kurze Belichtungszeit, die den Hintergrund absaufen läßt. Bei Av-Betrieb stellt sich die Kamera auf eine Zeit ein, bei der die Lichter im Hintergrund annähernd richtig wiedergegeben werden, auch wenn Verschlußzeiten von 10 Sekunden dafür nötig sind. Gleichzeitig leuchtet das Zusatzlicht des Blitzgeräts den Vordergrund aus. Das dort befindliche Hauptmotiv wird perfekt mit Blitzlicht bestrahlt.

Jeder Betrachter kann deshalb später im Bild feststellen, wo und bei welcher Lichtsituation es entstanden ist. Bei dem erwähnten Porträtbeispiel wird man besser ein Stativ oder zumindest ein Einbeinstativ einsetzen, damit Vorder- und Hintergrund möglichst viel Schärfe aufweisen. Doch ist das nicht unbedingt immer nötig. Wenn bei der gerade beschriebenen Lichtsituation beispielsweise ein Straßenmusiker fotografiert werden soll, wird man versuchen, die Atmosphäre noch stärker zu abstrahieren und zu dramatisieren. Also wird die Blende verkleinert, so daß sich die Gesamtbelichtung verlängert. Die Kamera wird nach dem Blitzbild trotz der eventuell mehrere Sekunden dauernden weiteren Belichtung frei Hand gehalten oder sogar absichtlich bewegt. Das Ergebnis: Ein richtig belichteter, mit Wischspuren versehener Hintergrund ergänzt ein scharfes Blitzbild zu einer außergewöhnlichen Stimmungsimpression.

Sollte dieses Ergebnis noch nicht interessant genug ausfallen, läßt es sich durch Filter vor der Kamera oder dem Blitzgerät in der Farbigkeit steigern. Wenn beides, Kamera und Blitz, mit Filter versehen werden, wird man zwei Farben einsetzen, die sich komplementär verhalten. So lassen sich der Hintergrund oder das Blitzmotiv getrennt mit einem Farbstich überziehen. Hier sind der Phantasie des Fotografen keine Grenzen gesetzt. Wichtig ist nur, daß sich Langzeitbelichtung und die kurze Leuchtzeit des Blitzgeräts zu einem Bildergebnis addieren.

Stroboskop-Blitzverfahren

Ein fließender Bewegungsablauf läßt sich auch durch mehrere Einzelbilder fixieren, die gemeinsam auf einem Bildfeld erscheinen. Mit den Canon Speedlite 430 EZ und 420 EZ sind solche Stroboskopeffekte automatisch realisierbar. Die maximale Anzahl der Blitzaufnahmen ist dabei abhängig von der Batterieleistung und verdoppelt sich bis auf zehn Blitze pro Sekunde bei Einsatz des externen Batteriepacks.

Hier zunächst einmal die Vorgehensweise bei Stroboskopaufnahmen. Die Kamera muß auf »M« (manuell) eingestellt werden. Die Belichtung sollte mindestens eine Sekunde dauern, kann aber auch über die 30 Sekunden hinaus, mit »bulb« (Langzeitbelichtung) erfolgen. Die Blende wird manuell vorgewählt. Mit dem

»Mode«-Knopf des Blitzgerätes wird »M« eingegeben. Durch nochmaliges Drücken erscheint die Anzeige »Multi 1 HZ«. Jetzt kann die genaue Anzahl der Blitze pro Sekunde durch Drücken des »Multiknopfs« programmiert werden. Bis zu zehn Aufnahmen pro Sekunde lassen sich am Canon-Speedlite 430 EZ vorprogrammieren. Bis zu fünf sind es beim 420 EZ.

Diese hohe Blitzfolge ist natürlich nur auf Kosten der Leistung möglich. Die Blitzbelichtung erfolgt deshalb nur mit 1/4, 1/8, 1/16 und 1/32 der Maximalleistung. Auf dem Display des Blitzgerätes ist jeweils die größtmögliche Reichweite für die an der Kamera eingestellte Blende ablesbar. Diese Angaben gelten aber nur dann, wenn das rote Signallicht am Blitz leuchtet.

TTL-Blitzautomatikprogramm

Die EOS-Speedlite-Geräte haben nicht nur neuartige Blitzprogramme, sondern auch ganz »normale« wie die Kombination »M« an der Kamera und »TTL« am Blitzgerät.

Das manuelle Einstellen von Blende und Verschlußzeit wird bei wenigen Motiven weiterhin notwendig sein, wenn eine präzise Blende oder Synchronisationszeit gewünscht wird. Ist die Kamera auf »M« geschaltet, stellt das Blitzgerät automatisch auf »TTL« (statt »A-TTL«) um. Das ist natürlich im Display des Blitzgeräts sichtbar. Dort wird nun auch der Arbeitsbereich des Blitzgerätes angezeigt, der für das in der Kamera vorhandene Filmmaterial und zunächst die dazugehörige Standard-Blende 5,6 gilt. Da das Ändern der Blende auch den Arbeitsbereich in der Nähe und in der Maximaldistanz beeinflußt, wird dies jederzeit sofort der neuen Vorgabe angepaßt.

Weiches Licht durch indirektes Blitzen

Kleine Blitzgeräte haben nun einmal kleine Reflektoren und dadurch verhältnismäßig enge Abstrahlwinkel. Folglich weist das Licht eine Charakteristik ähnlich wie bei einem Spot auf. Es schafft bei direkter Beleuchtung tiefschwarze und hart begrenzte Schatten. Beeinflussen läßt sich das durch den vielseitig schwenk- und drehbaren Kopf der EOS-Speedlite-Geräte. Dann wird das

Motiv nicht von direktem Licht angestrahlt, das in Normalstellung des Blitzgeräts nahezu parallel zur optischen Achse austritt. Besser ist es, man läßt das Licht einen Umweg machen, indem es erst eine – möglichst weiße – Wand oder die Decke anleuchtet und infolge diffuser Reflexion verhältnismäßig weich zum Motiv kommt. Die Plastizität der Ausleuchtung leidet darunter geringfügig, aber die Schatten werden deutlich weicher und somit unauffälliger.

Da die Meßsysteme der EOS immer das vom Objekt reflektierte Licht messen, funktioniert dies selbst bei indirektem Blitzen und bei »A-TTL«-Steuerung. Bei der indirekten Blitzmethode wird mit sichtbarem Vorblitz gemessen, statt mit dem sonst üblichen Infrarotblitz. Der Reflektor stellt sich automatisch auf die Brennweite 50 mm ein; doch ist eine individuelle manuelle Vorgabe jederzeit möglich. Bei dieser Blitztechnik ist die Information im Sucher genauestens zu beachten, denn weil die Gesamtentfernung, die das Blitzlicht zurücklegen muß, entscheidend ist, können verhältnismäßig schnell die Leistungsgrenzen erreicht werden.

Indirektes Blitzen bringt in vielen Aufnahmesituationen Vorteile. Zum Beispiel können damit garantiert die unschönen »Rotaugen-Effekte« vermieden werden. Rote Augen sind ein unangenehmer Nebeneffekt, der auftritt, wenn sich das Blitzgerät – wie z. B. das eingebaute – verhältnismäßig nah an der optischen Achse des Objektivs befindet. Deshalb hat die EOS 500 ja auch das zuschaltbare Krypton-Licht.

Soll bei Porträts eine besonders weiche Beleuchtung erzielt werden, sollte die Reflexfläche möglichst nah am Blitzgerät sein. Bei sauberer Ausleuchtung größerer Räume ist es besser, wenn Decke oder Wand zwei oder drei Meter entfernt sind. Die Weitwinkeleinstellung des Reflektors reduziert zwar die Gesamthelligkeit, schafft aber eine bessere Lichtqualität und verhindert den schnellen und deutlichen Lichtabfall in der Tiefe des Raumes.

Das EOS-500 Lexikon

Abmessungen: 145 mm (B) x 92 mm (H) x 62 mm (T)

AF-Arbeitsbereich: Autofokus-Betrieb ist bei Helligkeiten von Lichtwert 1,5 bis Lichtwert 18 bei ISO 100/21°, Standardobjektiv 1:1,4/50 mm und bei normalen Temperaturen möglich.

AF-Hilfslicht: Zur Autofokusunterstützung bei schlechten Lichtverhältnissen verwendet die EOS-500 eine separate Kryptonleuchte, die bei Bedarf automatisch aktiviert wird.

AF-Hilfsblitz: Canon-Systemblitzgeräte senden automatisch Infrarot-Meßblitze mit Empfindlichkeitsmaximum von 700 nm aus. Sie werden bei Bedarf von der Kamera automatisch aktiviert.

AF-Meßfelder: Die EOS 500 hat drei Meßfelder: einen Kreuzsensor, ein im Sucher erkennbares Kreuz innerhalb des Meßkreises für Selektivmessung und zwei senkrecht angeordnete Außensensoren, die ein extrem breites AF-Meßfeld ergeben. Bei der Belichtungsermittlung wird der aktive AF-Meßpunkt besonders gewichtet.

AF-Schalter: Dieser Schieber am Objektiv dient zur Umschaltung von Autofocus (AF) auf manuelle Scharfeinstellung (M). Bei Objektiven mit der Zusatzbezeichnung »A« ist dies nicht möglich. Bei USM-Objektiven ist ein Umschalten nicht notwendig und deshalb zum Teil kein separater AF-Schalter mehr vorhanden.

AF-Signal: Ein kurzer Piepton signalisiert in allen Programmen die erfolgte Scharfstellung. Er läßt sich in den Kreativ-Programmen abschalten.

AF-Symbol: Die runde, grüne LED unten rechts im Sucher bestätigt die erfolgte Scharfstellung. Sie warnt durch Blinken, wenn keine Scharfeinstellung erfolgen kann.

AF-System: Die Canon EOS 500 verwendet »TTL-SIR«-Technik zur Scharfstellung. Die Abkürzung steht für »Through The Lens Secondary Image Registration«. Herzstück des Systems ist der BASIS-Chip (Base-Stored Image Sensor) zu Phasenerkennung. Der Autofokus wird durch Antippen des Auslösers in Gang gesetzt. Bei erfolgter Scharfeinstellung leuchtet im Sucher das AF-Symbol auf.
Betriebsarten: Einzelbild- oder kontinuierlicher Autofokus mit automatischer Umschaltung. In beiden Fällen arbeitet die EOS 500 mit Fokuspriorität. So ist die Auslösung erst nach erfolgter Scharfeinstellung möglich.

AI-Servo: Wird auch als »Dynamischer Autofokus« bezeichnet. Das Objektiv stellt die Schärfe kontinuierlich nach, sobald sich die Entfernung zum Aufnahme-Objekt ändert. Der Wechsel zwischen »One-shot« (Einzelbild) und AI-Servo erfolgt automatisch.

Aufhellblitz: Bei großen Helligkeitsunterschieden, von mehr als -3 EV-Werten, wird in den Motiv-Programmen (Ausnahme: Landschaft) das eingebaute Blitzlicht als Aufhell-Blitz angefordert.

Augenmuschelverlängerung: Sie hat die Bezeichnung EP-EX15 und vergrößert den Augenabstand vom Sucher um 15 mm. Dabei wird die Sucherbildvergrößerung um das 0,5-fache erhöht. Sie hat den Vorteil, daß man sich nicht unbedingt die Nase an der Kamerarückwand platt drücken muß, um in den Sucher schauen zu können.

Auslöser: Der Auslöser arbeitet elektromagnetisch und läßt sich erst nach erfolgter (automatischer) Scharfeinstellung durchdrücken. Er fixiert auch das Belichtungsmeßergebnis. Ein Antippen des Auslösers startet AF-Messung.

AF-Meßwertspeicher: Durch Antippen und Halten des Auslösers wird die automatische Entfernungseinstellung bei statischen Motiven gespeichert.

Bulb: In dieser Einstellung für Langzeit-Belichtungen bei manueller Belichtungssteuerung sind beliebig lange Belichtungszeiten möglich.

Batterie-Symbol: Dieses Symbol zeigt bei allen Programmen den Zustand der Batterie auf dem Monitor an. Ist nur noch ein schwarzes Feld zu sehen, sollte eine Ersatzbatterie bereitgehalten werden, die beim Erlöschen des Feldes eingelegt werden sollte. Ein blinkendes »Batteriesymbol« auf dem Monitor fordert zum sofortigen Batteriewechsel auf. Es kann auch ein Hinweis auf eine Funktionsstörung sein. Hört die Anzeige nach Verschlußauslösung auf zu blinken, arbeitet die Kamera wieder einwandfrei. Blinkt das Symbol auch nach Batteriewechsel, liegt ein Defekt vor und die Kamera sollte werksseitig überprüft werden.

Batterie: Die EOS 500 verwendet 2 Lithium-Batterien CR 123A/DLA 123A6 V im Handgriff.

Bedienelemente: Der Datenmonitor mit LC-Anzeige wird bei Auslöser-Druckkontakt für 6 Sekunden eingeschaltet.
Die Selektiv-Meßtaste auf der Rückseite dient zur Meßwertspeicherung und Umschaltung von Mehrfeld- auf Selektivmessung.
Die Taste neben der Selektivmeßtaste dient zur Einstellung von Belichtungskorrekturen. Werden beide Tasten gedrückt, lassen sich mit Einstellrad bis zu neun Mehrfachbelichtungen (ME) programmieren.

Belichtungskorrektur-Funktionstaste: »Av« und »+/-« sind auf dem Knopf eingraviert, der auf der Kamerarückseite neben dem Selektiv-Meßknopf liegt. Wird er (mit dem Daumen) gedrückt, läßt sich mit dem Einstellrad die Belichtung bis 2 EV-Werte (+ oder -) korrigieren. Der eingegebene Korrekturwert ist im Sucher und im Daten-Display sichtbar.
Bei M-Einstellung wird mit gedrückter Av-Taste die Blende mit dem Einstellrad geändert.

Belichtungsmeßsystem: Die Canon EOS 500 arbeitet mit einem Offenblenden-Innenmeßsystem mit SPC (Silicium-Fotodiode). Sie verfügt über drei Meßmethoden: Mehrfeldmessung mit 6 Zonen, Selektivmessung mit 9,5% des Bildfeldes in den kreativen Programmen (P, Tv-, Av-, M- und A-DEP) und mittenbetonte Integralmessung bei manueller Belichtungssteuerung. Bei Blitzlicht kommt eine Vierfeldmessung zum Einsatz. Sie arbeitet als A-TTL-Messung mit Vorblitz oder als reine TTL-Messung.

Belichtungsprogramme:
1. Grünes Rechteck: Normalprogramm (intelligente Programmautomatik)
2. Motiv-Programme:
   Porträts
   Landschaften
   Nahaufnahmen
   Schnappschuß/Sportaufnahmen
3. Programmautomatik, identisch mit der »Grüne Zone«-Programmautomatik, jedoch mit variabler Programmverschiebung
4. Zeitautomatik Tv
5. Blendenautomatik Av
6. Manuelle Belichtungseinstellung
7. Schärfentiefe-Automatik (A-Depth)
8. Blitzautomatik (A-TTL-Programmblitzautomatik und TTL-Programmblitzautomatik mit Canon-Systemblitzgeräten)

Bereitschaftsanzeige: Sobald die Bereitschaftsanzeige des verwendeten Speedlite aufleuchtet, schaltet die Kamera automatisch auf Blitzbetrieb um.

Betriebsarten-Funktionstaste: Der Drehknopf »links« an der Kameraoberseite wird auch als zentrale Wählscheibe bezeichnet. Damit werden alle Kamera-Programme eingeschaltet, die manuelle ISO-Einstellung aktiviert und ein vorzeitiger Filmrücklauf programmiert.

Blendenautomatik: Blendenautomatik wird mit dem Kürzel »Tv« (Time Value) bezeichnet. Die Zeitvorwahl erfolgt durch den Fotografen. Als Standard-Einstellung ist 1/125 s vorgegeben. Die Blende wird automatisch gewählt. Sucheranzeigen: Bei Unterbelichtung blinkt die Angabe der größten Blende, bei Überbelichtung die kleinstmögliche Blendenangabe.

Blitzgerät: Die Canon EOS 500 besitzt ein eingebautes Blitzgerät mit Zoomreflektor und Leitzahl 12 bei ISO 100/21°. Die Blitzladezeit beträgt etwa 2 Sekunden. Der Blitzwinkel reicht zur Ausleuchtung des Bildwinkels eines 28 mm-Objektivs.

Blitzgeräte: An der Canon EOS lassen sich alle Canon Speedlite ansetzen. Beim Blitzen mit den Speedlites ist bei Programmautomatik die A-TTL-Blitzautomatik mit Infrarot-Meßblitz eingeschaltet. Die Blendeneinstellung erfolgt automatisch. Auch das Einstellen der Synchronzeit zwischen 1/60 s und 1/90 s erfolgt bei Zündbereitschaft durch die Kameraautomatik auf Grund der TTL-Messung des von der Filmoberfläche reflektierten Blitzlichts.

Blitzkupplung: Direktkupplung über X-Kontakt im Zubehörschuh.

Blitzsteuerung: A-TTL-Blitzmessung mit Vorblitzfunktion bei Canon Speedlite Blitzgeräten. Mit dem eingebauten Blitzgerät ist TTL-Messung programmiert.

Dioptrieneinstellung: Sucherokular abgestimmt auf Minus 1 dpt (Augenabstand: 19,3 mm).

DX-Code: Die Filmempfindlichkeit wird automatisch über den auf der Filmpatrone aufgedruckten Code im Bereich von ISO 25/15° bis ISO 5000/38° eingelesen. Manuell sind Einstellungen zwischen ISO 6/9° bis

6400/39° in Drittelstufen möglich. Die ISO-Einstellung erfolgt mit dem Einstellrad und entsprechender Position des zentralen Programmwählers.

Einstellscheibe: Neuartige Laser-Vollmattscheibe mit Anzeige der AF-Meßfelder und des Selektivmeßbereichs.

Elektronik-Einstellrad: Es liegt griffgünstig über dem Auslöser und dient in Kombination mit den entsprechenden Funktionsschaltern und Tasten zur Änderung der Einstellwerte.

Entfernungsring: Er dient am Objektiv zur manuellen Scharfstellung.

Filmeinlegen: Nach Ausrichten der Filmzunge auf einen Index und Schließen der Rückwand wird der Film automatisch in etwa 10 Sekunden bis zur letzten Aufnahme vorgezogen und nach jeder Aufnahme um ein Bild rückwärts transportiert.

Filmempfindlichkeitseinstellung: Der Filmempfindlichkeitsbereich geht von ISO 6/9° bis 6400/39° bei manueller Einstellung. Automatisch werden nach DX-Code Empfindlichkeiten zwischen ISO 25/15° und 5000/38° eingestellt. Für die manuelle Eingabe muß die Wählscheibe auf ISO stehen. Dann kann der im Display angezeigte ISO-Wert mit dem Einstellrad auf die gewünschte Filmempfindlichkeit verändert werden.

Filmrückspulung: Die Rückspulung erfolgt automatisch mit eingebautem leisem Kleinstmotor Bild für Bild nach jeder Aufnahme. Rückspulung teilbelichteter Filme ist bei Einstellung der zentralen Wählscheibe auf das entsprechende Symbol jederzeit möglich.

Gewicht: 350 g (nur Gehäuse) und 365 g als QD Modell.

Grünes Rechteck: Das grüne Rechteck auf der zentralen Wählscheibe symbolisiert die Einstellung auf Vollautomatik.

Landschaft-Symbol: Das in dieser Einstellung eingesteuerte Motivprogramm wurde speziell für Aufnahmen mit Weitwinkelobjektiven konzipiert. Es bevorzugt große Schärfentiefebereiche. Die automatischen Grundeinstellungen dafür sind »One-Shot-AF« mit Schärfen- und Belichtungsspeicher sowie eine Programmsteuerung mit Bevorzugung kleiner Blenden.

Langzeitbelichtungen: In Bulb-Stellung können manuell auch längere Verschlußzeiten als die automatisch realisierbaren 30 Sekunden eingesteuert werden. Dabei bleibt der Verschluß so lange geöffnet, wie der Auslöser gedrückt wird.
Für solche Langzeitaufnahmen muß die Kamera auf M(anuell) umgestellt und dann das Einstellrad so lange gedreht werden, bis »Bulb« im Daten-Monitor sichtbar wird.

M-FOCUS: Die Umschaltung auf manuelle Scharfstellung ist bei fast allen Objektiven möglich. Auch in dieser Einstellung bestätigt die grüne LED im Sucher die Scharfstellung.

Manuelle Belichtung: Zeit- und Blendeneinstellung lassen sich manuell durch Drehen am Einstellrad in jeweils halbstufigen Werten vornehmen. Für die Verstellung der Blenden muß zusätzlich die Belichtungskorrekturtaste gedrückt werden.

Mehrfachbelichtungen: Zur Erzielung besonderer Effekte gestattet die EOS 500 bis zu neun Belichtungen auf ein und dasselbe Filmstück. Dazu sind auf der Rückseite die beiden Tasten für Selektivmessung und für Belichtungskorrekturen gleichzeitig zu drücken, bis im Daten-Monitor die Anzeige »ME« erscheint. Mit dem Elektronik-Einstellrad läßt sich dann die gewünschte Anzahl der Mehrfachbelichtungen vorprogrammieren. Gestartet wird das Ganze dann durch Druck auf den Auslöser. Erst nach erfolgter Mehrfachbelichtung wird der Film automatisch weitertransportiert. Dabei sind eventuell Belichtungsverkürzungen in Abhängigkeit von der Anzahl der Überlappungen zu beachten! Die Rückschaltung der ME-Einstellung erfolgt automatisch. Die Korrekturwerte müssen allerdings manuell zurückgenommen werden.

Mehrfeldmessung: Die neuartige Sechszonen-Mehrfeldmessung der EOS 500 berücksichtigt schwerpunktmäßig den jeweils aktiven AF-Sensor.

Meßbereich: LW 2 – 20 bei Normaltemperatur mit 1:1,4/50 mm bei ISO 100/21°.

Meßwertspeicherung: Solange der Auslöser angetippt ist, bleibt die gemessene Belichtung gespeichert, um zu einem anderen Ausschnitt schwenken zu können, ohne daß sich die Belichtung ändert. Gleiches gilt für die Selektivmessung bei gedrücktem Knopf auf der Rückseite.

Motivautomatik: Die Canon EOS 500 besitzt speziell optimierte Programm-Automatiken für die Motivbereiche Portät, Landschaft, Nahaufnahme und Schnappschuß/Sport.

Nahaufnahmen: Das Motivprogramm für Nahaufnahmen arbeitet mit Einzelbildschaltung und »One-Shot«-AF für die Wahl des besten Scharfpunktes, Mehrfeldmessung und Priorität kleiner Blenden für optimalen Schärfebereich. Der Blitz wird automatisch zugeschaltet.

Objektivanschluß: Die Canon EOS 500 besitzt das Canon EF-Bajonett mit vollelektronischer Datenübertragung.

One-shot: Der »Einzelbild-Autofokus« für unbewegte Motive speichert nach einmal erfolgter Scharfeinstellung die Meßwerte für Schärfe und Belichtung solange der Auslöser gedrückt bleibt. Wegen der Schärfepriorität der EOS 500 kann nicht ausgelöst werden, bevor scharfgestellt wurde.

P: Das »P« steht für Programm-Automatik. Sie hat die gleiche Charakteristik wie die Programm-Automatik unter dem grünen Viereck. Nur ist die als »P« gekennzeichnete Automatik durch Programm-Shift und Belichtungskorrektur beeinflußbar. Die Programme gelten als »intelligente« Programm-Automatiken, da sie ihre Verschlußzeiten in Abhängigkeit der verwendeten Objektivbrennweiten einsetzen und die Blende erst zu schließen beginnen, wenn die Zeit gleich oder kürzer als der Kehrwert der Brennweite ist. Das gilt auch für Zoomobjektive, die ihre Brennweite zur Kamera melden. Bei den USM-Objektiven kommt noch die Berücksichtigung des Abbildungsmaßstabes hinzu.
Im Vollautomatikprogamm der grünen Zone wird der Blitz automatisch ausgeklappt und als Aufhellblitz oder Hauptlicht geschaltet.

Patronensymbol: Das Symbol einer Filmpatrone zeigt im Monitor-Display an, ob ein Film geladen ist. Daneben ist abzulesen, wieviel Bilder noch zur Verfügung stehen.

PIC-Progamm: Alle Motiv-Automatik-Programme gelten als PIC-Programme. Das Kürzel PIC steht für Programm Image Control.

Porträtprogramm: Dieses Motivprogramm ist für Aufnahmen mit kleiner Telebrennweite konzipiert und bevorzugt mittlere Blendenwerte. Es arbeitet mit Meßwertspeicherung.

Programmautomatik: Es gibt zwei Programmautomatiken: Bei Stellung der zentralen Wählscheibe auf »P« besteht die Möglichkeit des Programmshifts. Bei Stellung auf das »grüne Rechteck« ist keine Einflußnahme möglich.

Programme: Die EOS 500 verfügt über fünf Motiv-Programme (Grüne Zonen-P-, Porträt-, Landschaft-, und Sport/Action-Programm). Außerdem gibt es sechs kreative Belichtungsprogramme (shiftbare Programm-, Blendenautomatik bei Zeitvorwahl Tv, Zeitautomatik bei Blendenvorwahl Av und Schärfentiefeautomatik A-DEP sowie manuelle Belichtungssteuerung. Hinzu kommen automatische TTL- und A-TTL-Blitzsteuerung.

Programmverschiebung: Änderungen der Belichtungsvorschläge der Kamera sind im P-Programm, bei Tv, Av und »A-DEP« mit Hilfe des Einstellrades möglich.

Rückspulknopf: Wenn teilbelichtete Filme zurückgespult werden sollen, wird die zentrale Wählscheibe auf das Rückspulsymbol gestellt und der Knopf mit gleichem Symbol (Selbstauslöser) vor dem Daten-Display gedrückt.

Schärfentiefe: Der Raum vor und nach der Einstellebene, der so kleine Zerstreuungskreise aufweist, daß sie noch scharf erscheinen, wird als Schärfentiefe bezeichnet. Er ist durch die Blende zu beeinflussen. Seine räumliche Ausdehnung von der eigentlichen Schärfenebene nach hinten ist fast 50 Prozent größer als nach vorn. Mit Hilfe des A-DEP(TH)-Programms und den drei AF-Meßfeldern ist er leicht zu definieren.

Selbstauslöser: Der Selbstauslöser wird mit der kleinen Taste vor dem Daten-Monitor aktiviert. Auf Druck erscheint das Selbstauslöser-Zeichen im Display. In dieser Funktion erfolgt die Auslösung erst etwa zehn Sekunden nach Druck auf den Auslöser. Im Porträtprogramm leuchtet während der letzten zwei Sekunden die Krypton-Lampe zur Unterdrückung roter Augen auf. Der Zeitablauf wird zuerst durch langsames und innerhalb der letzten zwei Sekunden durch intensives »Piepen« mitgeteilt.

Selektivmessung: Das Meßfeld entpricht bei dieser Methode dem Kreis im Sucher. Das sind etwa 9,5 % des gesamten Sucherbildes. Ein Stern im Sucher weist auf die Aktivierung hin. Das Meßergebnis kann mit Antippen des Auslösers gespeichert werden. Diese Meßmethode funktioniert in Kombination mit allen Kreativ-Programmen, jedoch nicht bei den Motivprogrammen. Es ist die genaueste Meßmethode, doch wird Erfahrung benötigt.

Selektivmeßtaste: Der Knopf auf der Kamerarückseite ist mit dem Daumen gut zu drücken. Mit ihm wird die Kamera von Mehrfeldmessung auf Selektivmessung umgeschaltet. Diese Funktion ist bei allen Kreativ-Programmen zuschaltbar und wird durch ein Sternsymbol im Sucher angezeigt.

Shift: Der Program-Shift erfolgt mit dem Elektronik-Einstellrad und ermöglicht die Veränderung von Zeit oder Blende unter Beibehaltung des Lichtwerts. Diese Funktion ist nur mit den Kreativ-Programmen auf der oberen Hälfte des Einstellrades verfügbar und läßt sich nicht in Verbindung mit Blitzprogrammen einsetzen.

Sport: Das Motivprogramm für den sportlichen Schnappschuß bevorzugt kurze Zeiten. Erst nach Erreichen einer kürzeren Zeit als 1/1000 s wird auch die Blende weiter geschlossen.

Stativbuchse: Eine Stativbuchse mit 1/4" Gewinde befindet sich an der Bodenplatte.

Sucher: Das Sucherbild gibt etwa 90% des Realbildes wieder. Im unteren Bereich werden Verwacklungsgefahr, erfolgte Scharfeinstellung, Zeit und Blendenangaben und Blitzbereitschaft angezeigt. Bei Gefahr der Über- oder Unterbelichtung blinken Zeit- oder/und Blendenangaben. Außerdem sind Anzeigen für den manuellen Belichtungsabgleich vorhanden.

Systemblitzgeräte: Die Canon-Speedlites 430 EZ, 300 EZ und 160 EZ dienen auch zum automatischen Aufhellblitzen bei Tageslicht. Sie besitzen einen AF-Hilfsblitz zur Unterstützung der automatischen Scharfeinstellung bei völliger Dunkelheit. Die Elektronen-Blitzgeräte arbeiten sowohl mit A-TTL- als auch TTL-Blitzsteuerung. Es handelt sich um Aufsteckmodelle mit kabellosem Direkt-Mittenkontakt. Sie sind ausschließlich für die Verwendung an EOS Kameras geeignet.

Verschluß: Der vertikal ablaufende Schlitzverschluß arbeitet mit Zeiten zwischen 1/2000 s und 30 s sowie mit einer Bulb-Einstellung für beliebig lange Belichtungszeiten. Alle Zeiten werden elektronisch gesteuert. Die die kürzeste Blitzsynchronzeit ist 1/90 s.

Verwacklungs-Warnanzeige: Bei Vollautomatik oder in den Motivprogrammen blinkt zur Warnung vor Verwacklung die Verschlußzeit, wenn die automatisch eingestellte Zeit um 0 bis 0,5 Stufen geringer ist als 1/Brennweite des verwendeten Objektivs. Dabei wird auch die an Zooms eingestellte Brennweite berücksichtigt.

Vollautomatik: Bei Einstellung der zentralen Wählscheibe auf das grüne Rechteck ist die Vollautomatik aktiviert. Schärfe, Belichtung und Filmtransport erfolgen automatisch, auch das Blitzen mit dem eingebauten Blitzgerät oder einem aufgeschobenen und eingeschalteten.

Warnsignal bei Überschreiten des Automatik-Arbeitsbereiches: Liegt das Motiv außerhalb des Arbeitsbereiches, blinken beim ersten Druck auf den Auslöser Blendenwert und Verschlußzeit im Sucher. Ist der Motivabstand zu klein, blinkt die Schärfenanzeige.

X-Synchronisationszeit: Die kürzeste Blitzsynchronzeit beträgt 1/90 Sekunde, doch kann mit allen längeren Zeiten ebenfalls geblitzt werden.

Zeitautomatik: Bei der mit dem Kürzel »Av« gekennzeichneten Zeitautomatik wählt der Fotograf die Blende vor. Die Zeit bildet sich automatisch. Die Standardeinstellung ist Blende 5,6. Die Kamera arbeitet mit Mehrfeld- oder Selektivmessung. Die 30-Sekunden-Anzeige blinkt bei Gefahr der Unterbelichtung. Überbelichtung wird durch Blinken der Anzeige für 1/2000 s signalisiert.

Zubehörschuh: Mittenkontakt und vier weitere Kontakte im Zubehörschuh dienen zur Steuerung der Funktionen der Canon Speedlite-Blitzgeräte.

Sachwortverzeichnis